TRAITÉ

DES COULEURS ET VERNIS,

Par M. MAUCLERC,

Marchand Epicier.

Fluctibus è tantis, artem, tantisque tenebris,
In tam tranquillo & tam clarâ luce, locare,
Hoc opus.

VOLUME *in-8°*. Prix, 3 liv. 12 sols broché.

A PARIS,

Chez {RUAULT, Libraire, rue de la Harpe.
{L'Auteur, rue Quincampoix.

M. DCC. LXXIII.

Avec Approbation & Permission du Roi.

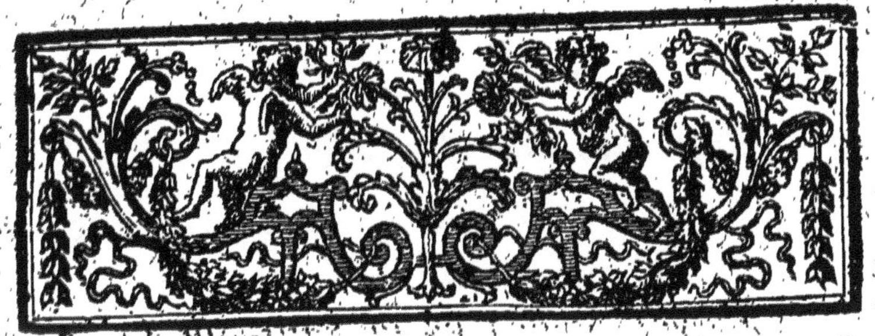

ÉPITRE

DÉDICATOIRE

A MESSIEURS

LES DIRECTEURS, GARDES

De l'Académie de S. Luc & Communauté
des Peintres de Paris.

LES Couleurs, les Huiles & les
Vernis doivent être soumis à votre
critique ; à qui cette connoissance doit-
elle mieux appartenir qu'à ceux qui
en font usage, les uns avec un art
tant imitatif qu'il ne laisse aucune

différence entre son effet illusoire & le réel de la nature, les autres avec la propréte la plus requise? Si vous sçavez donner de la gaité, de l'élégance, de la richesse aux Appartemens, vous sçavez aussi nous retracer les formes & les caracteres des grands hommes des siécles passés, & perpétuer dans une famille la mémoire d'une personne chérie en procurant à ses arriéres-petits enfans le portrait le plus ressemblant; c'est la couleur employée avec art qui procure ces bons offices.

Cependant il existe dans la couleur & dans les huiles un ennemi de votre Art, qui lui porte des atteintes irréparables. Si l'on considere avec réflexion les couleurs naturelles, l'on appercevra dans les terreſtres les ochres de différentes eſpeces, la terre d'Italie, la terre de Cienne, la terre de Cologne, &c. des craſſes & des matieres hétérogenes qui tendent à les ſalir. Dans les minérales les orpins, le minium, le cinabre, des ſels qui les terniſſent & les noirciſſent ; dans les métalliques le verdet, le blanc de plomb, la céruſe, &c. des ſels, des craſſes qui par la ſuite ſe placent ſur leur ſurface & les obſcurciſſent ; dans celles tirées du ſuc des plantes, l'indigo, le verd de veſſies, des matieres hétérogenes, des infidélités qui les empêchent de conſerver l'effet qu'elles vous ont produit ; celles que la Chimie nous a procuré, le bleu de Pruſſe, la lacque, &c. perdent leur teinte & en acquiérent une autre ; le bleu devient verd , le cramoisi , le rose deviennent jaune , le jaune dégénere en olive ou en gris. Les huiles portent avec elles une crasse , un sel, qui voile , jaunit & noircit.

Ces incidents sont cause que le coloris d'un tableau change & qu'un Peintre ne reconnoît son ouvrage , après dix ans , que parce qu'il se souvient de l'avoir fait.

La confiance que l'on a toujours eu pour les couleurs & les huiles n'a pas permis que l'on apperçût la vraie cause de ces changemens dont on a attribué les effets à la poussiere & à l'air , & pour empêcher l'un & l'autre de frapper immédiatement *sur la couleur, on l'a couvert de vernis (1), & l'on n'a fait qu'augmenter la cause des effets qu'on vouloit détruire. (2)*

C'est d'après ces considérations, Messieurs, que j'ai exposé à votre Assemblée des couleurs chymiques, solides & constantes dans leurs teintes, des terrestres, des minérales, des métalliques purgées de leurs sels & de leurs crasses ; & si je n'ai pas encore pu ôter de l'orpin son souffre, je suis au moins certain que son odeur ne peut être nuisible, & qu'elle se dis-

---

(1) Cecidit in Syllam cupiens vitare Garibdin.

(2) Traité des Couleurs & Vernis, Chapitre du nettoyage des tableaux.

sipe en peu tems. J'expose aussi des huiles dégagées de l'eau, de la terre, du sel & du lait d'amandes qu'elles contenoient. L'huile dépouillée de toutes ces matieres est incorruptible, elle a moins de couleur, moins d'odeur ; elle est plus diaphane.

Les huiles & les couleurs n'ayant plus d'odeur (1) ne seront plus rejettées de l'intérieur des appartemens que l'on pourra embellir avec d'autant plus d'art qu'il y a plus de ressource & de richesse dans la peinture à l'huile que dans celle à la détrempe qui d'ailleurs n'a point de solidité.

C'est d'après l'examen que vous

____

(1) Sublatâ causâ, tollitur effectus.

avez fait des huiles, des couleurs &
des vernis que je suis confirmé dans
l'opinion que j'ai conçue de mes opérations & de leurs effets. Votre Approbation m'assure que j'ai réussi &
que je rends service à l'Art, à l'Artiste & au Public.

Vous n'avez pas désapprouvé que
je divulgasse le secret des Vernis, la
véritable manière de les composer
bons, & vous souhaitez que chacun
se fasse un amusement de leur composition & de leur emploi ; animé du
même zele & de la même générosité,
je m'appliquerai à simplifier les opérations qui dépouillent les couleurs &
les huiles de leurs crasses, de leurs
sels, de leurs odeurs, & je les ren-
drai publiques. Permettez qu'en at-

tendant je vous fasse l'hommage de ce petit Traité des Couleurs & des Vernis, & que je me dise avec la considération la plus parfaite,

Votre très-humble & très-obéissant serviteur,

MAUCLERC.

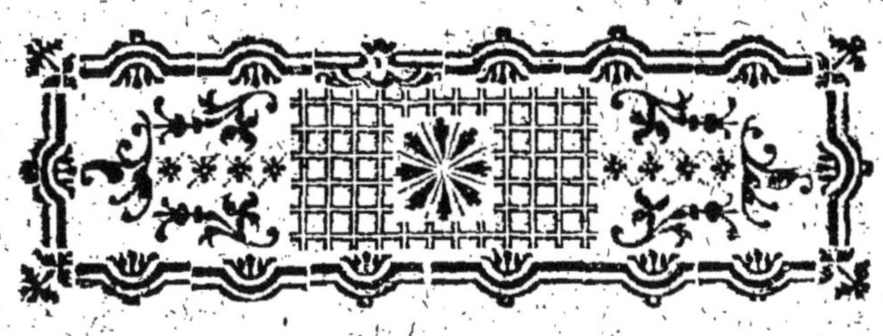

PRÉFACE.

LES Bibliothéques font pleines
de Livres qui traitent les uns
des Vernis, les autres des Couleurs ; mais les Auteurs de ces
Livres n'étoient ni Peintres ni Ver-
niſſeurs, ils n'ont parlé des Vernis
que d'après la déclaration des per-
ſonnes qui croioient les connoître,
ou d'après l'aveu de ceux qui les
faiſoient les moins mauvais de leur
tems ; leurs Recettes ſont chargées
d'une multitude d'ingrédiens, &
leurs manieres d'opérer ne ſont
pas raiſonnées. S'il s'eſt trouvé quelqu'un qui a ſu faire des Vernis,

il a caché myſtérieuſement ſa manière de les compoſer, c'eſt ce qui fait dire encore actuellement que le Vernis eſt un ſecret.

Il ſemble que le dernier qui a écrit des Vernis, le Sr. Watin qui a fait imprimer l'*Art de faire & d'employer le Vernis*, ait voulu continuer dans le public les erreurs & la manie des Anciens ; car les Recettes qu'il donne pour la compoſition des Vernis ſont auſſi fauſſes que toutes celles qu'il réfute chez eux, & s'il en a trouvé quelqu'une de bonne, il la réfute auſſi (1), ſeroit-ce parce qu'il craindroit que le Public en fît uſage, ou parce qu'il ne ſe connoît pas en Vernis ?

---

(1) Le Vernis Italien de Chriſtophe Lorce Morley, Réfutation, pag. 40.

Les Peintres , trop occupés de leur Art qui demande un tems & une étude telle qu'il n'y a que ceux qui ont de grandes difpofitions qui parviennent à cette réputation de grands Peintres, n'ont pas le loifir de réfléchir fur la nature des Couleurs, encore moins fur leurs effets futurs , ils fçavent bien que tels & tels Peintres , dont les tableaux fubfiftent encore fans avoir fouffert beaucoup d'altération , fe préparoient des couleurs & des huiles , mais ils ignorent quelles font ces préparations , le même hazard qui a réuffi aux premiers ne leur tombe pas fous les mains. Leurs tentatives & leurs précautions deviennent nuifibles à leurs ouvrages. (1)

______

(1) Les Peintres , pour blanchir les

Les Livres qui traitent des Couleurs difent fimplement que telle fe
trouve en tel endroit, & s'ils par-

---

huiles les expofent au foleil & à l'air ;
elles y blanchiffent à la vérité, mais
parce qu'elles fe pourriffent.

Il y a dans l'huile de l'eau, de la terre,
du fel & un lait de l'amande dont on l'a
tirée. L'eau, la terre & le lait d'amande
entrent en fermentation quand ils font
frappés du chaud & de l'air, pendant
l'action ils répandent une odeur fade &
défagréable, l'effet de la fermentation
eft une putréfaction totale, & perfonne
n'ignore que la putréfaction & la calcination donnent à tout une couleur
blancheâtre ou grife ; d'où il fuit que
l'huile blanchie au foleil eft un compofé
de fel & de matieres pourries, qui ref-
tent troubles. Quel effet ne doit-on pas
craindre d'un pareil compofé ?

lent

lent de la nature de quelqu'une ,
c'eſt parce qu'elle a quelque pro-
priété pour la Pharmacie , mais ils
ne diſent rien de ſes effets dans la
Peinture.

Cependant la Peinture & les Peintres ſont dans cette poſition , que
les Peintres employent des matieres viciées, & que la Peinture eſt ſu-
jette à ſe ſalir , à ſe noicir , parce
que les Peintres ne connoiſſent pas
la cauſe de l'altération des couleurs
qu'ils employent , les couleurs &
les huiles ſont en diſcrédit dans le
Public à cauſe de leurs odeurs ou
de leurs effets plus ou moins dangereux.

C'eſt dans cette perplexité du Public & des Peintres , des doutes &
des craintes des Vernis , des cou-

leurs & des huiles, que l'Auteur donne les vraies dozes & la vraie maniere de compofer les Vernis; fes recettes font fimples & l'on ne peut trouver, dans les ingrédiens, aucun qui puiffe nuire à la fanté. Il offre des huiles & des couleurs qui ne font plus fufpectes; l'Académie & Communauté des Peintres de Paris les a examinés, effayés & approuvés; l'Auteur a rempli les conditions de l'épigraphe :

Fluxtibus è tantis, artem, tantifque tenebris,
In tam tranquillo & tam clarâ luce locare,
Hoc opus.

Il y étoit excité par l'Approbation du Cenfeur Royal, & l'Approbation de l'Académie ne laiffe aucun doute.

L'Auteur travaille à fimplifier les

opérations néceſſaires à la dépura-
tion des huiles & des couleurs;
quand il en ſera content il ſe fera
un plaiſir de les donner au public
comme il fait ici la maniere de
compoſer les Vernis.

Le Sieur Mauclerc continue de
vendre des Couleurs, des Huiles &
des Vernis. Il fait la Commiſſion
tant en recevant qu'en envoyant.
Il offre un Commerce & une Cor-
reſpondance ſuivant les uſages, à
toutes les Provinces du Royaume
& à l'Etranger.

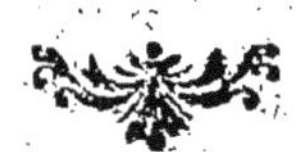

Approbation du Censeur Royal.

J'AI lu par l'ordre de Monseigneur le Chancelier, un Manuscrit intitulé : *Traité des Couleurs & des Vernis*, par M. Mauclerc. Si l'Auteur tient parole dans la pratique, il est certain qu'il a perfectionné son Art, & qu'à cet égard il sera bien digne de l'estime & l'approbation publique. A Paris, ce 10 Avril 1773.

L'Abbé DE LA CHAPELLE.

Attestation de l'Académie de Saint Luc & Communauté des Peintres.

LA Compagnie, après avoir oui le Rapport de Messieurs Bailly, Chevalier & Bolkman, Officiers de notre Académie, qu'elle avoit chargé de l'examen des Couleurs, des Huiles & des Vernis que le Sieur Mauclerc, Marchand

Épicier à Paris, a foumis à la Critique de l'Académie, a attefté & attefte la beauté & la folidité de fes Vernis, la réalité de leurs épreuves réfultantes des expériences dudit Sieur, de l'heureufe découverte qu'il vient de faire, qui procure tant aux Peintres qu'au Public l'avantage de pouvoir faire l'emploi des Huiles & des Couleurs fans odeur & fans craffes, comme étant dépouillées de tous leurs effets mal-faifans. En foi de quoi la Compagnie confent que le préfent Certificat lui foit délivré. A Paris ce 18 Juin 1773, & ont figné au nombre de 71.

PERMISSION DU ROI.

LOUIS, pat la Grace de Dieu, Roi de France & de Navarre, A nos amés & féaux Confeillers, les Gens tenans nos Cours de Parlement, Maîtres des Requêtes ordinaires de notre Hôtel, Grand Confeil, Prévôt de Paris, Baillifs, Sénéchaux, leurs Lieutenants Civils & autres ncs Jufticiers qu'il appartiendra : SALUT. Notre amé le Sieur MAUCLERC, Nous a fait exposer qu'il désireroit faire imprimer & donner au Public *un Traité des Couleurs & Vernis de sa composition*, s'il Nous plaisoit lui accorder nos Lettres de Permission pour ce nécessaires. A CES CAUSES, voulant favorablement traiter l'Exposant, Nous lui avons permis & permettons par ces Présentes, de faire imprimer ledit Ouvrage autant de fois que bon lui semblera, & de le faire vendre & débiter par tout notre Royaume, pendant le tems de trois années consécutives, à compter du jour de la date des Présentes. FAISONS défenses à tous Imprimeurs, Libraires, & autres personnes, de quelque qualité & condition qu'elles soient, d'en introduire d'impression étrangère dans aucun lieu de notre obéissance. A la charge que ces Présentes seront enrégistrées tout au long sur le Régistre de la Communauté des Imprimeurs & Libraires de Paris, dans trois mois de la date d'icelles; que l'impression dudit Ouvrage sera faite dans notre Royaume & non ailleurs, en beau papier & beaux caractères; que l'Impétrant se conformera en tout aux Réglemens de la Librairie, & notamment à celui du dix Avril mil sept cent vingt-cinq, à peine de déchéance de la présente Permission; qu'avant de l'exposer en vente, le Manuscrit qui aura servi de copie à l'impression dudit Ouvrage, sera remis dans le même état où l'Approbation y aura été donnée, ès mains de notre très-cher & féal Chevalier, Chancelier, Garde des Sceaux de France, le sieur DE MAUPEOU ; qu'il en sera ensuite remis deux Exemplaires dans notre Bibliothéque publique, un dans celle de notre Château du Louvre, & un dans celle dudit Sieur DE MAUPEOU : le tout à peine de nullité des Présentes ; du contenu desquelles vous mandons & enjoignons de faire jouir ledit Exposant & ses ayans causes, pleinement & paisiblement, sans souffrir qu'il leur soit fait aucun trouble ou empêchement. VOULONS qu'à la Copie des Présentes, qui sera imprimée tout au long au commencement ou à la fin dudit Ouvrage, foi soit ajoutée comme à l'Original. COMMANDONS au premier notre Huissier ou Sergent sur ce requis, de faire pour l'exécution d'icelles, tous Actes requis & nécessaires, sans demander autre permission, & nonobstant clameur de Haro, Charte normande & Lettres à ce contraires ; car tel est notre plaisir. Donné à Paris, le vingt-troisième jour du mois de Juin, l'an mil sept cent soixante-treize, & de notre Regne le cinquante-huitieme. Par le Roi en son Conseil.

LE BEGUE.

Régistré sur le Régistre XIX, de la Chambre Royale

TRAITÉ

TRAITÉ
DES COULEURS
ET VERNIS.

ORIGINE DE LA PEINTURE.

LES Couleurs font autant avant la
Peinture que l'homme eſt avant l'art
de peindre ; c'eſt-à-dire que les Couleurs ont exiſté long - temps avant
qu'on s'en ſervît. L'on ignore le premier qui en fit uſage ; mais ſi l'on cherche d'où l'homme a pris l'idée des
Couleurs, on le trouvera dans le ſuc
des plantes, dont, par haſard, il s'eſt
teint les mains en les cueillant. Les

A

taches que ces sucs ont fait sur ses mains ou sur ses vêtemens, lui ont donné l'idée de les teindre entierement.

D'abord l'homme a eu des Couleurs telles quelles, par l'expression des plantes; (1) la Chimie les a perfectionnées & rendu plus nombreuses.

S'il est vrai que les Chinois sont les plus anciens peuples de la terre, il se peut qu'ils soient les premiers qui ayent fait usage des Couleurs; l'on en sera même convaincu si l'on considere que nous tenons les Couleurs de la République de Rome, qui les avoit apprises des Perses & des Indiens qu'elle avoit subjugués.

----

(1) Le tournesol, l'indigo font bleu; le saffran, la gaude, la graine d'avignon font jaune; le sang-dragon, la cochenille, l'aucus, la garance, l'orseille font rouge. L'on tire encore de la teinture, des bois tels que du terra-merita, du bois de fernanbouc, du bois d'Inde.

Il eſt à préſumer que les Perſes, les Chinois & les Indiens ont d'abord employé les ſucs de plantes à peindre ou teindre leurs toiles de coton, que nous nommons Indiennes, Perſes, Pekins, & ont acquis les premiers l'art de la teinture, qu'ils poſſedent mieux que nous, dans ce genre, quoique nous employions les mêmes ingrédiens qu'eux.

L'art de deſſiner peut être autant & plus ancien que la découverte des Couleurs, & c'eſt probablement l'ombre des objets qui en a donné l'idée. De ces deux découvertes naquit la Peinture. L'objet deſſiné fut d'abord peint de ſa couleur, ſans clair, ſans ombre ; les différentes poſitions des objets, par rapport au ſoleil, ont donné à l'objet différentes formes, différentes teintes ; le ſoleil frappant de côté une feuille, un fruit ou tout autre objet, ſa forme différencie dans l'ombre qu'il rend ; nouveaux contours,

A ij

nouveaux progrès dans le deſſein. L'objet, dans une poſition oblique, n'eſt
éclairé que dans une de ſes parties ;
les autres ſont ombrées ; la couleur des
différentes parties paroît n'être plus
la même ; elle a des nuances qu'il a
fallu imiter ; nouveaux progrès dans
la Peinture : il eſt à ſuppoſer que c'eſt
de ces différens incidens que l'art & de
deſſiner & de peindre a fait des progrès.

Il eſt probable que les Indiens ont
les premiers fait uſage des couleurs,
& que c'eſt ſur leurs toiles de coton
qu'ils les ont employées ; que les Per-
ſans ont acquis d'eux cette connoiſ-
ſance qu'ils ont tranſmiſe aux Romains.

Ces ſucs de plantes, de fruits &
d'herbes, étoient bien capables de ſa-
tisfaire à la teinture, mais non pas à
la Peinture ; leur mélange ne rend
point de teintes diſtinctes ; elles ſont
brunes & indéciſes. L'on a trouvé
dans le ſein de la terre d'autres couleurs que l'art a perfectionné, & c'eſt

encore aux Indiens que nous sommes redevables de cette découverte ; ils font les premiers qui ayent tiré, de la terre, des métaux & des minéraux les matieres & les couleurs dont ils compofent & peignent la porcelaine que nous tenons d'eux depuis peu de temps, & que les Romains n'ont pas connu ; car on ne peut pas prendre, pour porcelaine, cette vaiffelle de terre que l'on fait à *Faenza*, & que nous nommons fayance ; c'eft cependant une porcelaine imparfaite qui donneroit à croire que les Romains en ont eu quelque idée.

Si nous avons eu l'émail avant la porcelaine, ou la porcelaine avant l'émail, c'eft ce que l'on ignore ; mais comme leur nature eft prefque la même, l'une dérive de l'autre, ils doivent leurs couleurs & leurs vernis aux métaux. (1)

---

(1) Les couleurs dont on fe fert pour peindre

Le Deſſein, indépendant de la Peinture, a fait des progrès ; les différens objets apperçus de différens côtés, lui procurant divers contours, diverſes formes, ils n'avoient beſoin que d'être tracés & ombrés, pour marquer leurs contours & leurs replis ; mais la Peinture, dépendante du deſſein, avoit beſoin d'une infinité de teintes pour exprimer les clairs & les ombres, les replis des objets & leurs reflets.

Les clairs & les ombres ont donné l'idée du mélange du blanc & du noir avec les couleurs générales, & les reflets celle du mélange d'une couleur avec une autre couleur.

Mais les ſucs de plantes, par expreſſion, ne ſont point ſuſceptibles de mélange ; ils deviennent bruns &

l'émail & la porcelaine, ſont nommées émaux par les Artiſtes, & ſe tirent des métaux ou par rouille ou par calcination, & enſuite ſont vitrifiées ; le cuivre produit le verd ; le fer le jaune ; l'argent le bleu ; l'or le rouge.

fales (1), & la Peinture en feroit
reftée-là fi le hafard n'avoit fait rencon-
trer des terres colorées. Cette découverte fait le premier degré de la perfection de la Peinture.

L'on ne peut pas fuppofer, au premier tableau qui s'eft fait, plus de perfection, que de repréfenter un objet
à-peu-près deffiné ; car il ne pouvoit
être coloré qu'autant que la difette des
couleurs & la difficulté de leurs mélanges le permettoient alors.

Il eft vraifemblable que le premier
tableau fut fait avec des terres broyées
à l'eau : le peu de folidité de ces terres
ne donnoit aucune confiftance à la
maffe des couleurs répandues fur le
plan du tableau ; cet inconvénient aura
fait chercher quelque ingrédient capable de donner quelque confiftance , &

---

(1) Les toiles peintes qui nous viennent de la
Perfe , n'ont de couleurs décidées que celles qui
font fimples ; les mélangées font obfcures & ne
peuvent pas être exactement dénommées.

A iv

l'on a été affez heureux pour trouver des gommes (1) qui font en ufage dans certain genre de Peinture.

Ces terres fuffifoient aux premiers Peintres ; la Chimie a fourni à ceux qui leur ont fuccédé, d'autres matieres colorées ; favoir, des terres brûlées, des terres minérales apprétées, des fucs de plantes congelés, des couleurs extraites du fang des animaux, d'autres extraites des métaux.

Cette abondance de matieres colorées a fait la richeffe & la perfection de la Peinture. Plus le Peintre a eu de facilité à remplir fes idées, plus fes idées fe font étendues ; la multitude des teintes qu'il a trouvé dans un plus grand nombre de couleurs, lui a fourni la faculté d'arrondir fes objets, de les détacher les uns des autres, d'approfondir & d'élargir le théâtre fur lequel

____

(1) Les Peintres en éventails employent la gomme arabique.

ſes figures repréſentoient quelques ſcè-
nes ; de-là la dégradation du coloris,
l'ordonnance du tableau par rapport
au clair obſcur & à la perſpective.
D'un autre côté, l'art de deſſiner fai-
ſoit des progrès par les occaſions fré-
quentes qu'il a de ſe perfectionner ;
enfin, les Mathématiques ont donné
des regles & pour les proportions &
pour la perſpective.

Mais ſi la Peinture a gagné par la
découverte d'une multitude de couleurs, elle eſt expoſée à perdre beaucoup par leur mélange ſéduiſant &
trompeur ; de la différence de leur nature réſulte un antipathie remarquée.
Les couleurs minérales portent avec
elles un ſouffre, un ſel arſenical, qui,
par la ſuite, noircit toutes les couleurs
avec leſquelles elles ſont mélangées,
ſi elles ne ſont pas homogenes ; ces
couleurs ſe ſaliſſent elles-mêmes ſi elles
ne ſont pas bien purgées de leurs ſels.
Les couleurs tirées du ſuc des plantes

ou du sang des animaux, contiennent aussi des sels qui les dégradent; souvent aussi, soit ignorance du Fabricateur ou avidité de gain, elles pêchent par le choix des ingrediens qui les composent, ou par la maniere dont elles ont été fabriquées. Une lacque devient orangé, un bleu devient verd, un jaune dégénere en olive & quelquefois en gris. Les couleurs terrestres contiennent une crasse & un sel qui les rend sales & qui s'accroissent par la calcination de quelques-unes, qui, si l'on ne les en purge point, se portent au-dehors, se répandent sur la superficie du tableau & le masquent; de-là vient qu'un tableau vieillit rarement sans perdre quelque chose de ses demi-teintes, de ses reflets, de ses fuyans, & par conséquent de l'ordonnance de son coloris & de sa perspective.

A V I S.

C'est d'après ces confidérations que l'Auteur a cherché & trouvé les moyens de dépurer de leurs fels, de leurs fouffres & de leurs faletés, les couleurs minérales, métalliques & terreftres, & qu'il eft enfin parvenu à donner, à celles qui font tirées du fuc des plantes & du fang des animaux, une teinte invariable.

COMPARAISON des Couleurs
impalpables & lumineuses, &
des Couleurs matérielles & opa-
ques.

LA lumiere nous vient du soleil,
nous tenons les couleurs de cette même lumiere. Newton, à l'aide d'un
prisme, décomposa le rayon du soleil
ou la lumiere qui vient de cet astre;
ce rayon reçu sur la table d'un prisme,
présenté horisontalement, passant par
ses angles, se divise en diverses parties, & fait appercevoir, sur l'objet
qui lui est opposé, diverses couleurs.
Ces couleurs sont, la plus basse, le
rouge, suivent l'orangé, le jaune, le
verd, le bleu d'azur & celui d'indigo;
le violet paroît au bord le plus elevé.
Entre ces couleurs & dans le passage
de l'une à l'autre, paroît une teinte
indéterminée qui tient de la précé-

dente couleur & de la fuivante, ou fi l'on veut, le reflet de l'une & de l'autre couleur.

Cette découverte a fait donner au rayon du foleil le nom de lumiere feptupliée, & à ces couleurs le nom de couleurs primitives ou primordiales au nombre de fept. Quelques-uns, par la fuite, ont donné le même nom au blanc & au noir, & parlent de neuf couleurs primitives.

L'on a obfervé qu'un brillant de onze grains, éclairé d'un rayon de foleil, réfléchiffoit fur un papier qui lui eft oppofé, trois couleurs; favoir, bleu, jaune, rouge, fans aucune couleur intermédiaire; & comme le diamant a plufieurs faces, il répétoit fes réflexions fans autre changement, que dans l'horifontal, les unes avoient le rouge à la partie fupérieure, les autres le bleu; & que dans le perpendiculaire, le bleu & le rouge fe placent indifféremment à droite & à gauche, &

que le jaune occupoit toujours le milieu.

Si les couleurs, que le prisme fait appercevoir, sont l'effet de la réfraction ou de la dispersion, c'est un problême dont la solution est réservée aux partisans de Newton & de Grimaldy ; mais l'observation faite sur les reflections du brillant, prouve qu'il n'est pas une loi de la nature de ces couleurs, que le bleu ou violet occupe toujours la partie supérieure.

Quant à la dispersion opérée par le diamant, différente de celle du prisme, l'on ne peut en attribuer la cause qu'aux angles obtus de l'un & aigus de l'autre. Il est probable que l'angle obtus du prisme, recevant à la fois deux ou plusieurs parties du rayon divisible à l'infini, les rend mélangées sur l'objet qui est disposé pour les recevoir, & donne une couleur mêlée de plusieurs parties du rayon. C'est par cet effet que Newton a trouvé par le prisme, le verd, l'orangé, le violet. Le prisme

l'a trompé : ces couleurs font un mélange effectif du bleu & du jaune,
du jaune & du rouge, du rouge & du
bleu ; l'expérience des couleurs opa-
ques & matérielles le prouve. On peut
encore attribuer aux effets de l'angle
obtus du prifme, la répétition des
bleu azur & indigo, & le bleu refletté
de rouge fait appercevoir le violet.

L'arc-en-ciel ne prouve pas plus que
le prifme le nombre des couleurs primitives ; toutes les teintes qu'il fait
appercevoir entre le bleu, le jaune &
le rouge, font produites du mélange
de ces trois couleurs par leur mélange
ou leur proximité.

La boule d'eau ne préfente à la vue
que le rouge & le verd, rarement
l'orangé.

Supprimez tout ce qui peut divifer
les rayons du foleil, leurs couleurs
raffemblées forment une maffe blanche
par l'éclat de leurs lumieres. Il s'enfuit
de-là que le blanc eft la maffe, le cahos

des couleurs impalpables ; & puifque l'obfcurité ne produit aucune couleur, l'on peut définir l'obfcurité ou le noir, l'abfence ou la privation des couleurs impalpables.

Il en eft au contraire des couleurs matérielles, il ne s'en trouve aucune dans le blanc qui ne laiffe appercevoir de couleurs que celles qu'on lui procure par le mélange de quelqu'une ; donc le blanc matériel peut être dit la privation ou l'abfence des couleurs matérielles ; & fi le mélange des couleurs matérielles (1) produit une couleur noire, le noir peut fe dire la maffe, le cahos des couleurs matérielles ; or, comme le mélange des couleurs matérielles bleu, jaune, rouge, en égale partie de leurs forces, produit un noir parfait ; donc le noir eft l'affemblage, la maffe, le cahos des couleurs matérielles.

---

(1) Art d'imprimer des tableaux, page 21.

L'Art

L'Art d'imprimer des Tableaux n'est ni nouveau, ni inconnu, ni difficile à pratiquer ; après ce que l'Auteur avance, l'on ne sera pas peu surpris que plusieurs personnes, les uns peintres, les autres graveurs, qui ont été employés à l'art de faire des tableaux imprimés en 1736 & 37, se soient contentés, après la mort de Leblond, Associé de l'Auteur, de faire quelques petites pieces ; & l'ayent ensuite abandonné, à l'exception d'un, encore ne s'en occupe-t-il que d'une maniere proportionnée à ses facultés & sans idée de mieux.

Si quelqu'un reproche à l'Auteur de l'avoir abandonné, il répondra qu'il n'est ni peintre ni graveur, talens nécessaires à cet art ; qu'il ne possede que la théorie des couleurs, dont il connoît parfaitement la nature, les mé-

B

langes & les effets ; qu'il auroit fallu
que d'habiles mains de graveurs & de
peintres fuſſent conduites par un en-
fant de dix-huit-ans, qui ne pouvoit
eſpérer ni la docilité des artiſtes qu'il
auroit employés, ni la confiance de
celui qui auroit eu l'intention de pro-
téger cet art.

Cependant, ſi cet art étoit cultivé,
il produiroit de beaux ouvrages bien
ſupérieurs à ceux qui nous viennent
de la Perſe, de la Chine, & généralement des Indes. L'Auteur a chez lui un
morceau qui eſt incomparablement
plus beau que tout ce qui nous vient
d'Iſpaham & de Pékin.

Le principe de l'art d'imprimer des
tableaux eſt le fiſtême de trois couleurs
primitives (1) ou primordiales ; le

____

(1) S'il étoit vrai qu'il y ait plus de trois
couleurs primitives, il auroit fallu plus de trois
planches & autant de planches qu'il y auroit eu
de couleurs primitives & incompoſées du mé-

bleu, le jaune & le rouge : l'exécution dépend de leur mélange par la
rencontre combinée de trois planches
portant chacune, distinctement &
distributivement, une des trois couleurs, bleu, jaune, rouge. L'exacte
rencontre de ces planches est la parfaite exécution de l'art ; pour y parvenir il faut posséder la sinthèse & l'a-
nalise des couleurs ; savoir combien
tel ou tel verd exige de jaune & de
bleu ; de combien de parties de jaune
& de rouge est composé l'orangé ou
l'aurore, ou le ponceau ; en quelle
proportion doit être le mélange du
rouge & du bleu pour produire le cramoisi, le pourpre, le violet ; enfin,
comment composer une infinité de
teintes intermédiaires à celles-ci.

Si des trois couleurs primordiales

lange des autres. L'art d'imprimer des tableaux
établit sans réplique le nombre des couleurs primitives, & indique quelles elles sont.

étoient d'égale force pour le clair obf-
cur , il s'enfuivroit qu'égale partie de
bleu & de jaune donneroit un verd
également diftant du jaune & du bleu ;
de même qu'égale partie de bleu & de
rouge produiroit un pourpre qui tien-
droit le milieu de ces deux couleurs
dont il eft compofé ; mais autant le
jaune tient de la lumiere, autant le bleu
tient de l'obfcurité ; & malgré les ef-
forts que l'Auteur a faits pour compofer
des jaunes obfcurs, il n'a pu les porter
qu'en proportion de trois parties contre deux de bleu, pour compofer un
verd qui tint le milieu entre l'un &
l'autre.

Le rouge primitif ou rouge feu,
qui ne tient ni du ponceau ni du cra-
moifi, eft plus haut en couleur que le
bleu ; il faut oppofer cinq de fes parties contre quatre de bleu, pour obtenir un pourpre intermédiaire.

Le rapport du rouge au jaune eft de
cinq à fept ; c'eft-à-dire qu'il faut met-

tre cinq parties de rouge & sept de jaune, pour obtenir la couleur intermédiaire.

Tous ces différens rapports n'ont lieu que quand le jaune est porté à son ton le plus brun & le plus vrai ; c'est-à-dire, quand dans son brun il ne tient ni de l'olive ni de l'orangé , défaut ordinaire des jaunes bruns (1) que l'on trouve chez les marchands.

Le noir se trouve dans la rencontre des trois couleurs ; & comme on im-

---

(1) Le jaune qui se trouve chez les marchands sous le nom de stil de grain d'Angleterre, est dangereux dans le mélange des couleurs ; il les salit & les absorbe : l'Auteur le soupçonne être un mélange de stil de grain ordinaire & de bistre.

Il croit aussi que le mélange de la mumie ou de l'asphalt seroit préférable pour satisfaire à ce que le Peintre desire quand il le cherche dans le stil de grain d'Angleterre.

Le même a composé un jaune assez brun lacqueux, transparant, qui peut suppléer à tout , & qui fait un bel effet dans les mélanges.

prime fur un fond blanc, c'eft de la rareté ou de la privation totale des couleurs que l'on obtient les teintes claires & blanches.

Ces principes pofés, ces connoif-fances acquifes, l'on diffeque, pour ainfi dire, l'objet qu'on fe propofe d'imprimer; l'on apperçoit en quelle proportion eft le mélange de telle ou telle teinte; pour s'en affurer, l'on effaye ce mélange fur la palette avec deux couleurs feulement; & fi la teinte trouvée eft plus claire que celle de l'objet, on la falit avec un peu de la troifieme couleur; quand on a trouvé la teinte, l'on fçait que telle planche ou telle autre planche doit porter tant de couleurs, & la troifieme doit bru-nir leur effet. Si au contraire la teinte trouvée eft plus brune que celle de l'objet, l'on réduit les deux planches à ne porter qu'une certaine quantité de couleurs qui permet au blanc du fond de leur donner affez de fon jour pour les éclairer ou les pâlir , & l'on supprime la troisieme planche par rapport à cette teinte.

C'est assez dit de cet art ; l'Auteur en donne la théorie , parce qu'il a à traiter des Couleurs & à discuter le raisonnement d'un autre.

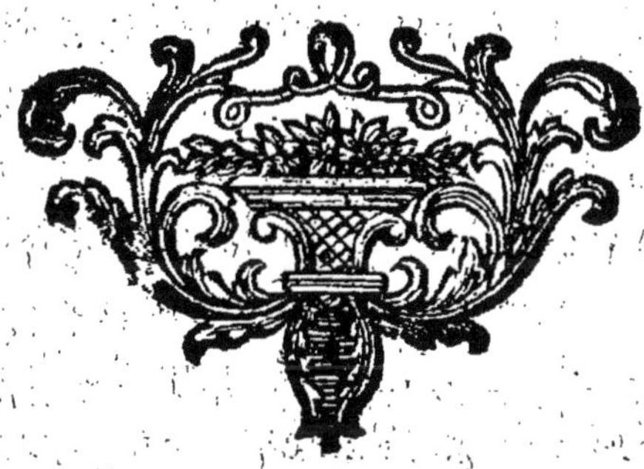

L'Harmonie des Couleurs,
ou le Clavecin oculaire.

C'EST du nombre des couleurs primitives de Newton, que le Pere Caſtel a formé le projet de comparer les tons des couleurs avec les ſons de la muſique ; en effet, ſept couleurs, ſept notes, donnent l'idée d'une analogie.

Newton ne trouve ſept couleurs qu'en répétant le bleu ſous la dénomination de l'indigo & de l'azur ; mais comme l'indigo, bien conſidéré, eſt un bleu un peu teint de violet, le Pere Caſtel lui a ſubſtitué le violet d'Evêque, & par ce changement il s'eſt rapproché de l'analogie. La ſeptieme couleur, le violet d'Evêque, ſubſtitué à l'indigo, approche tellement du bleu, que ſon paſſage au bleu eſt auſſi doux, & n'eſt pas plus ſenſible que du *ſi* & l'*ut*.

Les ſons *ut*, *mi*, *ſol*, ſur leſquels s'accordent ordinairement les inſtrumens de musique, lui ont paru des sons primordiaux, en rapport des tons des couleurs primordiales bleu, jaune, rouge. Il a considéré les sons intermédiaires comme des sons secondaires qu'il a comparés aux couleurs secondaires, dérivées du mélange des couleurs primitives. Le *ré* au *verd*, le *fa* à l'*orangé*, le *la* au *pourpre*, le *si* au *violet*.

C'est dans cette persuasion, & convaincu par la ressemblance des effets, qu'il a formé sa gamme.

ut	bleu.
ut diaise	verd canard.
ré	verd pré.
mi bemol	verd olive.
mi	jaune.
fa	orangé.
fa diaise	aurore
sol	rouge.
la bemol	cramoisi.
la	pourpre.
si bemol . . . . ,	violet.
si	violet d'Evéque.

Le bleu plus éclairé que le premier,

plus haut en couleur, fait l'*ut* de l'octave.

Si les sons avoient de l'existence, du corps, on en pourroit faire des mélanges comme des couleurs; leur comparaison & leur ressemblance seroient sensibles.

Pour doubler l'octave, il suffit d'éclairer la premiere gamme, rendre les couleurs plus hautes & plus vives, ce qui est pratiquable à l'infini.

Cette découverte fit appercevoir au Pere Castel l'accord des couleurs à la tierce, à la quinte, à l'octave; autre rapport des couleurs aux sons: & c'est pour le démontrer qu'il a fait construire un clavecin. Les personnes qui ne l'ont point vu seront peut-être bien aises d'en trouver ici la description.

Un buffet haut de huit pieds, dont la base avoit environ trois pieds & demi de largeur & de profondeur sur la hauteur de trois pieds, contenoit trois jeux d'orgue, un pertevent masqué par un tableau couvert par un double clavier. Le haut du buffet, de même largeur, sur la profondeur d'environ deux pieds, étoit rempli d'éventails fermés, placés à distances suffisantes pour être tous ouverts sans se gêner les uns les autres. La même touche, qui tiroit un son de l'orgue, ouvroit un éventail dont la couleur étoit analogue au son. D'abord, les éventails étoient d'une seule teinte, mais ils ont été ensuite historiés ; les uns représentoient des oiseaux sur des arbres ; d'autres, des paysages ; ceux-ci, des incendies, & ceux-là des tempêtes ; chacun portoit une couleur dominante analogue au son ; le reste de l'éventail étoit en harmonie avec la couleur dominante & d'accord avec les accompagnemens de l'orgue.

Un Anglois, grand amateur de musique & de Peinture, se plaisoit à toucher ce clavecin, & souvent ne faisoit

jouer que les éventails ; ce qui le flat-
toit, difoit - il, autant & davantage
que d'entendre les fons, à caufe de la
parfaite analogie des couleurs & des
fons , & de l'invention induftrieufe
qui les mettoit en comparaifon.

Si les couleurs & les fons, la peinture & la mufique ont une analogie
fenfible, ils n'ont cependant pas les
mêmes effets ; un événement tragique
que la mufique raconte, après avoir
effrayé l'ame, arrachera des larmes des
yeux ; le même événement, repré-
fenté par la Peinture ne fera qu'atten-
drir pour les objets intéreffans. Les fujets rendus par le chant, émouvent,
excitent, troublent l'ame, & par la
Peinture, n'excitent que fon admira-
tion, ou, tout au plus, fon étonne-
ment. La mufique eft aux paffions ce
que la Peinture eft aux actions, l'une
repréfente les ames, l'autre les corps.

*REFUTATION d'un Livre inti-
tulé : l'Art de faire & d'employer le Vernis.*

TOUS ceux qui ont traité des Vernis, & qui en ont donné des recettes,
se sont rencontrés à peu-près, & n'ont
différé que par leurs erreurs ; c'est ce
qui fait dire à l'Auteur *de l'Art de faire
& d'employer le Vernis*, qu'ils se sont
répétés. Leurs erreurs ne sont que les
matieres superflues ou quelquefois hétérogenes qu'ils ont mêlé avec les matieres propres à faire le Vernis , mais
en si petite quantité, qu'elles ne pou-
voient qu'altérer la qualité, sans cependant la détériorer entierement ; la
cause de leurs erreurs se trouve dans
leur maniere d'opérer ; c'est-à-dire,
que jusqu'à présent fort peu de personnes savent, avec des doses vraies
& des matieres convenables, faire des
Vernis ; la crainte des accidens qui

résultent souvent des opérations ne leur permet pas d'obtenir le degré de cuisson ou de fusion nécessaire à la perfection des Vernis.

Cette crainte subsistera toujours chez ceux qui ne connoissent pas la nature des matieres qui entrent dans la composition des Vernis, & leurs Vernis ne seront jamais bons ; de cette crainte resulte la différence des doses qui font cause qu'un Vernis gerse, & qu'un autre ne seche pas : de-là il arrive que l'un dans l'espoir de l'empêcher de gerser, & l'autre de le faire sécher, met dans sa composition plus ou moins de ce qu'il y croit nécessaire pour parvenir à ses fins, & qu'il mêle aux matieres propres à faire le Vernis des ingrédiens, sinon nuisibles, tout au moins inutiles.

Il faut passer aux anciens traités des Vernis, leurs erreurs, leurs inutilités ; l'on peut même supposer qu'ils ne savoient pas mieux ; & que les recettes

qu'ils ont donné pour faire des Vernis,
étoient les meilleures de leurs tems,
quoiqu'elles ne valuſſent rien ; mais à
préſent que les Vernis ſont connus,
l'on ne peut pas pardonner à un Con-
temporain, *l'Auteur de faire & d'employer le Vernis*, ſes erreurs & ſes inutilités ; parcourons ce Livre & voyons
ce qu'il contient.

C'eſt ſur la prétendue ignorance de
ſes Confréres & ſur les débris d'une
famille qu'il anéantit, que cet Auteur,
que je nommerai par la ſuite le Manipulateur, (qualité qu'il s'eſt donné dans
ſa Préface) prétend s'élever en diſant
que ſes Vernis paſſent pour les plus
beaux de Paris, qu'il en fournit dans
toute la France & dans toutes les contrées de l'Europe ; le Manipulateur
croit-il abuſer le Public & le prévenir
pour lui ? S'il avoit réfléchi que ce pro-
pos n'en peut impoſer qu'à quelqu'un
confiné dans la campagne, & que per-

fonne n'ignore que nombre de Peintres qui ont fait & font journellement de très-beaux ouvrages, font leurs vernis eux-mêmes ou les achettent chez d'autres que chez lui , fans doute qu'il ne l'auroit pas avancé. Prévient-il ou indifpofe-t-il? S'il prévient quelques perfonnes qui ignorent ce qui fe fait à Paris , il indifpofe contre lui les Artiftes qu'il prive d'une partie du mérite de leurs ouvrages , & les Marchands de fon efpece , à l'exclufion defquels il fe donne pour le feul capable de faire de beaux Vernis.

La Fontaine , Liv. IV , Fable VII.

Quand on fe concentre dans l'égalité , l'on eft rarement expofé aux examens ; c'eft en prétendant abaiffer ou furpaffer les autres qu'on fe fait , pour ainfi dire , analifer même par les perfonnes les moins jaloufes de leurs talens , & les plus pénétrées de charité.

Quels peuvent être les fentimens de Martin , quand il lit que le Manipulateur

lateur *fait* (1) *& vend les Vernis gras ou
à l'huile, tels que les beaux Vernis blancs
au copal, ainsi que le faisoit le fameux
Martin ?* Ne semble-t-il pas que cette
famille est éteinte, & qu'il ne reste des
Martins que le secret de faire & d'employer le Vernis, transmis au Manipulateur ? Laissons à Martin le soin de
réclamer, & parcourons le livre du
Manipulateur ; peut-être qu'il nous
dédommagera par de bonnes recettes
& de bons procédés.

Nous ne nous arrêterons point à
examiner s'il y a des gommes résineu-
ses qui fondent partie dans l'eau, partie
dans l'esprit-de-vin, ni si le camphre,
parce qu'il est une résine légere & fort
volatile, peut rendre, comme dit le
Manipulateur (2), le Vernis liant &
l'empêcher de gerser ; parce que quand
on fera attention qu'il est léger & vo-

____

(1) Préface, page 8.
(2) Page 24.

C

latil, l'on dira & l'on raifonnera jufte ;
puifqu'il eft léger & qu'il s'envole, il
ne peut laiffer rien de lui dans le Vernis que la faculté de gerfer.

Nous ne ferons pas attention, à ce
qu'il dit, de la gomme lacque en
grains (1) ; que *c'eft ce qu'il y a de plus
groffier, après qu'on en a féparé le plus
pur qu'on a mis en larmes par la fufion
de cette gomme qui nous vient en nature
en branches, fur lefquelles des fourmies
volantes l'ont dépofée ;* parce que tout
le monde fçait que cette gomme en
grains, n'eft autre chofe que celle ôtée
de deffus le bois ou les branches qu'elle
environne, concaffée & tamifée, &
non pas fondue.

Peut-on accorder au Manipulateur
que le fuccin, ambre ou karabé & la
gomme copale, foient des bithumes
de même nature & puiffent être ran-
gés (2) dans la même claffe, quand on

____

(1) Page 26.
(2) Note, page 36.

est certain que le premier est le produit immédiat de la terre, qu'il se ra-
masse dans les montagnes de la Pomé-
ranie & sur les côtes de la mer Balti-
que, & que la gomme copale découle
d'un arbre qui croît dans le Septentrion
de l'Amérique, & que les Espagnols
l'apportent de la Vera-Crux.

Nous n'examinerons point si le copal ou la copale est du genre masculin
ou féminin (1); toutes les fois qu'il
fera de bon & beau Vernis, nous ferons contens de son sexe.

L'on nous reprochera peut-être de
n'entendre pas ou d'être d'accord
du contenu au Chapitre IVe. de la
façon de préparer les liqueurs, les
matieres, & de les mélanger; nous
passerons pour convenir que l'esprit-
de-vin, *cette liqueur si volatile qu'elle ne
laisse rien dans le Vernis, en est cependant la base & les rend brillans, légers*

____

(1) Note, page 36.

& limpides , après en avoir fixé la facile évaporation , en lui incorporant quelque matiere (1) *qui conserve son liant* , pour n'avoir pas à combattre un raisonnement aussi absurde.

Nous permettrons au Manipulateur de dégraisser son huile de lin , en faisant évaporer toutes ses parties aqueuses (2) , & de l'incorporer ensuite avec ses gommes , sous la dénomination d'huile grasse , & nous ne ferons qu'une légere attention à sa maniere de composer , tant à l'esprit-de-vin , qu'à l'huile & à l'essence (3) , tous ses Vernis ; cependant, nous observerons ses inutilités ou superstitions , telles que le mastic (4) , le camphre , la gomme élémy avec le sandarac.

Quand on lit la recette qu'il donne

------

(1) Page 46.
(2) Page 53.
(3) Page 52.
(4) Page 78.

pour faire le Vernis à l'efprit-de-vin, compofé de fandarac, térébentine de Venife, maftic en larmes, qu'il def-tine pour les découpures, les écrans, les bois d'éventail, l'on fe perfuade qu'il a prévu que ce Vernis n'auroit point d'odeur, ou du moins qu'il en a purgé les matieres qui entrent dans fa compofition, puifqu'il les deftine pour les découpures dont on orne les cabinets, les écrans & les bois d'é-ventail que l'on tient dans les mains, les étuis que l'on porte dans fes po-ches; l'on voit néanmoins qu'il dit après que ce Vernis jette de l'odeur, & que pour cela *il n'eft pas propre pour les lambris d'appartemens* (1), *mais qu'il en a compofé un qu'il débite avec grand fuccès, lequel, loin de donner de l'odeur, emporte même celui des couleurs à l'huile, & n'en laiffe abfolument aucun.*

Le Manipulateur a bien peu de con-

____

(1) Page 79.

fidération pour les mitaines des Dames qu'il empoifonne de l'odeur de fon Vernis à bois d'éventail & d'étuis ; il devoit bien lui fubftituer ce Vernis qui n'a point d'odeur , *qu'il compofe pour les lambris & qu'il débite avec grand fuccès.* Ce Vernis , dont il ne donne pas la recette , ne jette-t-il pas quelque odeur de charlatannerie ?

Paffons au Vernis pour les violons & les inftrumens de mufique. *Mettez , dit le Manipulateur , dans une pinte d'efprit-de-vin , quatre onces de fanda- rac , deux onces de gomme lacque en grains , deux onces de maftic en larmes , une once de gomme élémy* (1)*; faites fon- dre ces gommes à petit feu ; faites leur faire quelques bouillons , enfuite incorpo- rez-y deux onces de térébentine.*

La multitude des matieres employées à la compofition de ce Vernis , ne permet pas aux Luthiers de le recon-

---

(1) Page 79.

noître pour le leur. Multitude prohibée par le Manipulateur même, en ces termes, page 73, *le vrai secret de l'art est d'être simple dans ses procédés, cette simplicité que l'on n'acquiert que par une longue expérience, paroît à l'ignorant l'ignorance de l'art ; il ne croit aux effets que par la quantité, & c'est toujours la multiplicité qui les détruit.* Le Manipulateur n'observe pas la simplicité qu'il assure être le secret de l'art ; il a prononcé contre lui ; en effet, dans toutes les recettes qu'il donne, il y a des matieres qui se contrarient & qui ne sont nullement propres à la composition des Vernis.

Le Manipulateur n'indique point la maniere de préparer les ingrediens (1) pour faire le Vernis à l'or, il se contente de dire d'en tirer les teintures & de les incorporer dans de l'esprit-de-vin. Ces teintures sont-elles des subs-

____

(1) Page 80.

C iv

tances folides ? Comment procéder à cette opération ? Le Manipulateur l'ignore-t-il, ou s'il en fait myftere ? D'après ce qu'il a promis dans sa Préface, page viij, il faut fuppofer qu'il l'ignore.

Il ne feroit pas jufte de quitter les Vernis dans lefquels il entre de la térébentine, fans obferver que le Manipulateur en ordonne l'ufage fans en prefcrire la préparation ; cependant, il eft averti par la recette du Vernis italien de Chriftophe Lorce Morley, qu'il réfute (1), que la térébentine contient des parties aqueufes qui, quand elles font évaporées, laiffent la térébentine capable de faire elle feule un Vernis ; qu'il fuffit de lui rendre fon fluide par quelque liqueur fpiritueufe, telle que l'huile de térébentine qui lui eft homogene.

Le Manipulateur n'apperçoit pas

____

(3) Page 36.

que ce Vernis italien n'eſt autre que
ſon Vernis d'Hollande, mieux raiſon-
né & meilleur que celui dont il donne
la recette (1). Son prétexte de réfutation eſt que, *ce procédé où il n'entre pas
d'huile, ne peut donner aucune conſiſtance au Vernis ; qu'il n'y a pas grand
avantage à réduire ainſi la térébentine
à ſec.*

Ce raiſonnement du Manipulateur
eſt-il ſenſé ? *Ce Vernis* n'a point de
conſiſtance parce qu'il n'y entre pas
d'huile. En employe t il dans ſes Ver-
niſ clairs, Vernis pour les boiſeries,
vernis pour le vermillon ? Tous les
Vernis dont il a donné la recette, ne
valent donc rien, parce qu'il n'entre
pas d'huile dans leur compoſition ? Où
a-t-il vu que la térébentine & l'huile ſe
rencontroient dans la compoſition d'un
même Vernis ? Ce Vernis n'eſt pas bon
parce qu'il n'y entre pas d'huile !

____

(1) Page 154.

Cependant il y a de l'eau dans la térébentine, plus ou moins dans les différentes especes ; & puisque le Manipulateur
ne l'a fait pas évaporer, ses Vernis,
dans la composition desquels il entre
de la térébentine, ne valent rien : car
l'eau, comme il le dit lui-même (1),
l'altere, le détruit, le corrompt.

Passons aux recettes qu'il donne des
Vernis à l'huile.

*Sur une livre de copal fondue, jettez
quatre, six ou huit quarterons d'huile (2)
cuite & dégraissée.*

Suivant cette recette il est indiffé-
rent de mettre l'huile en égale quantité
de la gomme, ou d'en doubler la dose ;
cependant, dans les Vernis gras colorés, il dit : *prenez huit onces d'ambre* (3), *deux onces de gomme lacque, que vous ferez fondre séparé-*

---

(1) Page 10.
(2) Page 81.
(3) Page 84.

ment ; *lorsqu'elles feront mêlées , incorporez-y demi-livre d'huile de lin cuite & préparée.*

La dofe des gommes eft indiquée d'un quart plus forte que celle de l'huile ; & dans fon Vernis , pour les trains (1), la dofe des gommes eft double de celle de l'huile. *Sur une livre de fandarac fondue , incorporez une demi-livre d'huile de lin cuite.*

Le Manipulateur fuppofe ou donne à croire qu'il eft perfuadé que le copal plus dur que le fandarac , doit être abreuvé de trois fois plus d'huile ; mais s'il penfe ainfi , pourquoi réduit - il l'ambre à partie égale d'huile ? L'ambre qu'il dit, *page 27,* dur comme la pierre ; c'eft, fans doute, faute de réflexion , ou pour que fes dofes foient variées. Ce ne doit pas être faute de réflexions ; les dofes doivent d'elles-mêmes fortir exactes de la plume d'un

____

(1) Page 85.

homme qui fait ou doit faire tous les jours des Vernis, pour être en état d'en fournir, non - seulement *à toute la France; mais encore dans toutes les Contrées étrangeres.* Si c'est pour varier ses doses, il auroit dû s'accommoder avec le vraisemblable, & doser la gomme la plus dure, l'ambre, d'une plus grande quantité d'huile.

L'observation qu'il fait, *page 54, la trop grande quantité d'huile dans les Vernis l'empêche de sécher; & quand il n'y en a pas assez, il est sujet à gerser; la dose ordinaire est, sur une livre de copal ou de succin, depuis un quarteron jusqu'à une demi-livre,* n'est pas d'accord avec les trois recettes qu'il vient de donner : le Manipulateur se contredit lui-même, parce qu'il parle de ce qu'il ne sçait pas.

Le Manipulateur réfute, sans respect, tous les Vernis (1) qu'on a jus-

____

(1) Page 82 & 83.

qu'à préfent fait & employé fur les tableaux, *parce qu'ils font gerfer les couleurs, qu'ils les empâtent & voilent les draperies ; empêchent qu'on ne puiffe les nettoyer ; cependant il en a vendu long-tems de tel, mais l'expérience lui en a fait trouver un qui nourrit parfaitement la toile, maintient les couleurs dans leur état, & qu'on peut enlever fans dégrader les fujets.* Puifque le Manipulateur n'en donne pas la recette & qu'il ne dit pas comment il l'emploie, il faut fuppofer que ce Vernis, qui nourrit la toile, eft compofé de matieres homogenes, ou qui ont de la fimpathie avec le chanvre, le lin & toutes les couleurs ; &, qu'appliqué fur la toile, il la pénetre, paffe à travers les couleurs & fe répand fur leur furface ; ou, qu'appliqué fur les couleurs, il les pénetre & va trouver la toile qu'il abreuve & à laquelle il s'acroche ; l'on peut renvoyer ce Vernis à l'obfervation qu'on a fait de celui à lambris, ci-devant pag. 38.

Nous paſſerons ſous ſilence le Chapitre ſixieme, intitulé : *Corps d'obſervations & maſſe de connoiſſances ſur le ſuccin & le copal* (1), parce qu'il ne concerne pas le Vernis. Ce qu'il intitule *Réflexions*, ne mérite pas plus d'attention (2), à moins que ce ne ſoit pour appercevoir la conſéquence de ſes raiſonnemens & l'invitation qu'il fait aux Académies de l'Europe de s'intéreſſer *à la perfection des Vernis, cet art ſi utile*; *en propoſant à l'émulation les queſtions ſuivantes, &c.* nous préférons les réſoudre en peu de mots, quand nous traiterons des Vernis gras.

Après avoir parcouru cent dix huit pages d'un *in-octavo*, nous avons trouvé la fin de le premiere Partie d'un Livre intitulé : l'*Art de faire & d'employer le Vernis*. Cette premiere Partie nous eſt annoncée l'*Art de faire le Vernis*. Nous

_____

(1) Pages 86-106.
(2) Pages 109-118.

avons lu, dans la Préface, que plusieurs livres avoient traité des Vernis, mais n'avoient donné que de
fausses recettes; le Manipulateur nous
en promet de vraies qu'il a acquises
par une expérience de trente ans;
il nous fait espérer qu'il nous ensei-
gnera la maniere de faire les Vernis
les plus brillans, les plus solides; c'est
dans cet espoir que nous avons parcouru avec avidité la premiere Partie
de son Livre; quel est le fruit de notre
lecture ? Le desir de nous instruire
n'est-il pas bien satisfait quand nous
appercevons que le Manipulateur nous
refuse la composition de deux Vernis
qu'il dit débiter *avec grand succès*, &
qu'il ne nous donne que quelques recettes aussi fausses & aussi mal combi-
nées que celles qu'il a réfutées. Passons
à la seconde Partie; nous apperce-
vrons dans quel esprit le Manipulateur
a fait imprimer un Livre.

La seconde partie est intitulée : l'*Art d'employer le Vernis.*

Rien de plus imposant que la Préface. Le Manipulateur (1) *doit ses connoissances à trente ans d'usage ; la pratique, en fait d'art, vaut mieux que la spéculation ; c'est à ce grand usage qu'il doit la perfection de son art, l'étendue de son commerce & la réputation de ses Vernis qui passent pour les plus beaux de Paris.*

Rien de tant abusif que l'introduction à l'Art d'employer le Vernis.

Il est facile d'appercevoir que le Manipulateur n'a pas d'autre intention que celle de vendre & ses Vernis & ses Couleurs aux personnes crédules qui desirent économiser dans la dépense qu'une propreté requise exige d'eux ; car après leur avoir donné de fausses recettes pour faire des Vernis,

____

(1) Préface, page 8.

il leur perfuade de n'en faire aucun, en difant que le *Vernis* demande tant de foin pour le faire, une attention fi fuivie pour les incorporations, une vigilance fi précife pour maintenir, forcer ou calmer le feu, qu'il n'y a qu'une très-longue habitude qui puiffe donner le vrai tact de fa compofition, & faire garantir des divers dangers qui naiffent quelquefois de la violence de la chaleur; qu'il n'eft pas à préfumer que les *Amateurs* ou ceux qui peuvent en avoir befoin accidentellement, s'occupent de fa compofition; qu'il leur eft plus utile de connoître de quelle maniere on l'employe; & pour le perfuader de faire employer, par leurs domeftiques, les Couleurs & les Vernis pris chez lui, il décrédite, fous le titre charitable d'*Inftruction*, les connoiffances des Artiftes; connoiffances acquifes & par l'habitude du travail & par les réflexions. *Cette connoiffance que nous donnons au Public*, dit le *Manipulateur*, *eft avantageufe, non-feule-*

D

*ment pour l'instruction des Artistes, mais
encore pour ceux qui, faisant travailler
par économie, sont curieux de suivre eux-
mêmes les opérations de leurs Ouvriers ;*
& parce que le Manipulateur entre-
prend la Peinture en même tems qu'il
vend des Couleurs & des Vernis, il
n'a pas obmis d'exalter le mérite de
quelques Artistes au-dessus desquels
il se place comme Professeur de l'Art,
& de faire valoir *leurs soins & leurs
détails innombrables* pour obtenir un sa-
laire proportionné à leurs soins & à
leurs dépenses.

En réfléchissant sur *les soins & les détails innombrables* qu'il dit que demande
l'emploi des Couleurs, & l'instruction
dont il prétend que les Artistes ont
encore besoin, il vient nécessairement
à l'esprit que quand bien même l'on
employeroit de bonnes couleurs bien
apprêtées, l'on fera de mauvais ouvrage si l'on n'a pas l'habitude de les
employer, & si l'on n'est pas consom-

mé dans l'Art ; si le Manipulateur avoit prévu cette réflexion , il ne lui auroit pas donné occasion de naître.

Voyons comment il enseigne l'emploi des Couleurs & l'application des Vernis, & quelles sont les instructions qu'il donne à ses Confreres les Peintres en bâtimens.

Le Chapitre premier traite de l'application des Vernis en général ; ses préceptes, à cet égard , sont usités de tous les Peintres qui sont placés & qui ont des ustensiles propres à l'exécution ; il les tient de ceux qu'il prétend instruire , à l'exception du réchaud de Doreur (1) , dont les bons Vernis gras n'ont pas besoin , & que les bons Doreurs craignent , parce qu'il fait des taches, ou tout au moins des nuances.

La premiere section de l'application des Vernis sur des sujets nuds, n'est

____

(1) Page 118 , Précepte 2.

autre chofe que la manœuvre ordinaire des Ouvriers qui verniffent après
avoir encolé ou fans encolage.

La feconde de l'emploi des Vernis
fur des fujets colorés, fait l'éloge de
la Peinture, qui feule peut être dit
Art, parce qu'elle imite parfaitement
les objets que produit la nature, mais
dont le Manipulateur n'entend point
traiter, & fe divife en deux articles,
dont le premier traite des Couleurs
en général.

N'attribuons point au Manipulateur
les raifonnemens erronés de cet article; il a prévenu le Public qu'il n'étoit
pas Phyficien ; fes Collégues connoif-
fent fes lumieres & fes talens : mais
ce grand homme, *qui par état* (1) *fe
livre aux importantes fonctions du Bar-
reau, qui par goût chérit & cultive les
Arts, & qui a bien voulu quelquefois fe
dérober aux regards de Thémis, pour*

---

(1) Préface, page xv.

rendre, en secret, son hommage à Minerve,
qui a bien voulu recevoir le Manuscrit du
Manipulateur, pour le mettre en état de
paroître en public ; cet homme dont on
ignore le nom, ignore les Couleurs,
leurs dénominations, leurs qualités,
leurs mélanges. Dans quelle physique
a-t-il trouvé qu'une teinte produite du
mélange de plusieurs couleurs est une
couleur primitive, & qu'une couleur
simple est secondaire ?

L'orangé, le verd, le violet & leurs
nuances sont, dit-il, des couleurs pri-
mitives (1)*, la réunion & la confusion*
dans la même densité des sept couleurs
primitives produisent le blanc, & leur
absence le noir.

C'est mal comprendre & singuliere-
ment interprêter le sistême de Newton ;
c'est faire dériver la lumiere des couleurs, pendant que Newton & tous
les Philosophes conviennent que les

____

(1) Page 135.

D iij

couleurs font le produit de la lumiere.

Les rayons du foleil qui nous éclairent, ou la lumiere, quoiqu'ils nous paroiffent blancs, contiennent en eux toutes les couleurs qu'on ne peut appercevoir que par leur réfraction.

Quant à la phyfique des couleurs terreftres, il n'en raifonne pas mieux.

La phifique terreftre, au contraire dans les fubftances qu'elle offre, femble un peu contrarier ce fiftéme (1) ; car le noir eft une couleur pofitive ; le blanc eft une couleur exiftante par elle - même, ce n'eft point une compofition des autres couleurs mélangées.

En raifonnant pour lui, il fuit cette conféquence ; donc le noir & le blanc font des couleurs primitives.

Elle ne préfente pour couleurs primitives que le rouge, le jaune & le verd ; le bleu, l'indigo, le violet & l'orangé, ne fe produifent que par des compofitions &

____

(1) Page 135.

dis mélanges, & il eſt des couleurs ſecon-
daires qui ſont le blanc & le brun, dont
la terre fournit des matieres pures, ſans
qu'on ſoit obligé d'avoir recours à des mé-
langes.

Voilà le verd encore une fois rangé dans la claſſe des couleurs primitives ; le bleu en eſt exclus auſſi-bien que le violet & l'orangé, parce qu'ils ne ſe produiſent que par des mélanges & des compoſitions. Quant au brun & au blanc, quoique la terre en four-niſſe des matieres pures, ils ſont ce-pendant des couleurs ſecondaires : quel galimatias !

Il faut ignorer exactement la phyſi-que des couleurs, pour n'admettre, pour couleurs primitives, que celles que la terre produit. Telles ſont le verd qui ſe trouve dans les montagnes près de Véronne, ou celui qui ſe trou-ve en petits grains, comme du ſable, dans les montagnes de Kernauſen, &

D iv

non pas celui qui se compose (1) avec
le stil de grain & le bleu de Prusse. Le
jaune, l'ochre jaune qui nous viennent
des mines du Berri, & non pas le stil
de grain composé (2) avec la graine
d'Avignon & le blanc de craye : quant
au rouge, c'est peut-être la terre d'Italie, le minium ou l'ochre brûlé ; car le
carmin, la laque, le vermillon, sont
des compositions.

Comment a-t-il pu se résoudre à
mettre dans la classe des couleurs secondaires *le blanc & le brun dont la
terre fournit des matieres pures ?* C'est
sans doute par respect pour Newton
qui lui enseigne que le blanc est la réunion des rayons colorés du soleil ; le
noir, l'absence de la lumiere ; & s'il a
eu la hardiesse d'exclure de la classe
des couleurs primitives le bleu, c'est

---

(1) Page 145.
(2) Page 143.

que l'indigo n'eſt point un produit immédiat de la terre, mais un ſuc de
plantes qu'il a fallu travailler.

Ce n'eſt point la nature ou leur
origine que les Phyſiciens confiderent
dans les couleurs pour les diſtinguer
en primitives ou ſecondaires, c'eſt
leur teinte ou pure, & ſimple, ou
mélangée.

Nous ne diſcuterons pas ſon obſer-
vation qu'il dit aſſez ſinguliere, &
qu'il fait dans la comparaiſon du ſiſtême de la lumiere par rapport au
blanc; nous le renvóyerons au ſiſtême
de Newton, à l'harmonie des Couleurs, à l'Art d'imprimer des Tableaux.

Après avoir vu comment le Manipulateur raiſonne de la nature des Couleurs, de leurs qualités ou diſtinctions,
examinons de quelle maniere il com-
poſe ſes teintes, c'eſt le ſujet de l'article troiſieme.

Des matieres qui entrent dans la composition des Couleurs.

L'on n'apperçoit dans cet article que des relations fausses & des avis faux. *L'on met de la ceruse dans toutes les couleurs* (1), *parce qu'elle les rend plus belles & plus brillantes.*

Le mélange du blanc rend les couleurs plus pâles ; sont-elles plus brillantes quand elles sont plus pâles ? Il a voulu dire que le blanc éclaire les couleurs.

Le blanc de Bougival a plus de corps, & se travaille (2) *plus aisément que le blanc de ceruse.*

Le blanc de Bougival n'a point de corps ; il est d'un mauvais emploi à l'huile, parce qu'il jaunit promptement, & à la détrempe il ne couvre pas autant que la ceruse ; ce blanc

____

(1) Page 137.
(1) Page 137.

eſt, dans les autres couleurs, un al-
liage que l'on devroit défendre aux
Marchands qui vendent des couleurs
broyées, parce qu'il eſt d'un mauvais
uſage.

La lacque, en général, eſt une eſpece
de craye ; celle qu'on appelle rouge ſe fait
avec de la bourre d'écarlate (1) *& de la*
teinture de bois de breſil ; il faut la choiſir
un peu tranſparente.

De la craye tranſparente ! Le Manipulateur ne diſtingue point les deux
ſortes de lacque ; l'une tirée de la teinture de la cochenille & de l'aucus, raſ-
ſemblée par les ſels d'alun & de ſoude ;
l'autre, une craye teinte de ces mêmes
ingrediens que l'on nomme lacque platte, pour la diſtinguer de la premiere, &
parce qu'on la trouve chez les Marchands en forme d'éclats de tuile briſée.

L'ochre eſt une terre d'un jaune doré (2) ;

____

(1) Page 130.
(2) Page 138 & 141.

on l'employe pour faire des jaunes chamois.

Le jaune de Naples sert aussi pour le fonds chamois (1) & les beaux jaunes imitant l'or.

Le stil de grain (2) est une pâte teinte d'une décoction de graine d'Avignon ; il doit être de couleur jaune doré, & donne la couleur jonquille.

L'ochre, le jaune de Naples, le stil de grain donnent indifféremment le jaune doré, le jaune chamois, le jaune jonquille ; le chamois & le jonquille sont cependant deux teintes bien distinctes l'une de l'autre, & le doré en est d'autant plus éloigné, qu'il approche plus du rouge : c'est bien peu connoître les couleurs, que de prétendre trouver ces trois teintes dans la même couleur.

Nous avons suffisamment fait voir

---

(1) Page 141.
(2) Page 143.

que le Manipulateur ne sçait pas faire
des Vernis, puisque les recettes qu'il
donne au Public, ne sont pas propres
à en faire de bons ; qu'il raisonne mal
des couleurs, parce qu'il ne les connoît pas ; nous nous dispenserons d'examiner les recettes qu'il donne des Vernis qu'il dit propres (1) pour détrem-
per les couleurs à l'esprit - de - vin , ou
celles à l'huile, pour n'avoir pas la
peine de les réfuter ; nous passerons
même sous silence le mélange qu'il fait
des couleurs pour trouver telle ou telle
teinte qu'une seule couleur procure
même sans l'addition du noir ou du
blanc, telles que le jaune de Naples
pour le chamois, l'orpin doré pour
l'aurore ; &c. mais le Manipulateur
ne se permet pas d'être simple & net
dans ses procédés, il ne se croit de
mérite qu'autant qu'il fait de mélange ;
son ridicule se porte jusqu'à mêler

____

(1) Page 133.

daux fortes d'huiles (1) , *lorfqu'on veut blanchir des vafes.*

Dans les obfervations que le Manipulateur fait fur les maladies appellées *Colique de Peintre* (2) , nous croyons trouver un faux raifonnement ; nous l'expoferons & y oppoferons notre fentiment ; le Public , après en avoir jugé, en fera l'ufage qu'il lui plaira.

Il a raifon de dire que la Colique des Peintres (3) ne frappe pas feulement ceux qui employent les couleurs, il eft certain que les Fondeurs y font encore plus expofés , à caufe de l'arfenic qui s'évapore des métaux , quand ils les mettent en fufion & qu'ils en refpirent la fumée , telle précaution qu'ils prennent pour l'éviter ; mais je crois qu'il fe trompe quand il dit que la Peinture à l'huile eft plus

____

(1) Page 186.
(2) Pagé 192.
(3) Page 194.

capable de donner la Colique que celle en détrempe : il donne pour raison, *que l'eau, la colle & les terres que l'on employe dans la détrempe* (1), *n'offrent rien de mal sain dans les broyemens & dans l'emploi, au lieu que dans la Peinture à l'huile, la ceruse, la litharge, le blanc de plomb, les orpens, les massicots qu'on employe à l'huile, peuvent engendrer des maladies.*

Le Manipulateur semble oublier qu'il employe le blanc de ceruse & le blanc de plomb dans ses teintes (2), blanc blanc (3), verd d'eau (4), verd de composition (5), gris de lin (6), gris de perle, & qu'il compose le jaune citron (7) avec de l'orpin rouge

____

(1) Page 195.
(2) Page 154.
(3) Page. 155.
(4) Page 156.
(5) Page 157.
(6) Page 158.
(7) Page 173.

& de l'orpin jaune, son blanc argentin (1) de blanc de ceruse & de blanc de bougival, son blanc de roi (2) de blanc de ceruse, de blanc de plomb avec un quart seulement de blanc de bougival, son chipolin gris (3) de blanc ce ceruse bien tamisé.

Les différentes teintes de la détrempe sont donc composées des mêmes matieres que celles de la Peinture à l'huile, jusques-là le danger de la Colique est égal aux deux genres de Peinture, & les deux genres de Peinture exposent également à prendre la Colique dans les mêmes matieres qu'ils employent. La différence de leurs apprêts est que, pour la détrempe, il faut mettre en poudre & passer au tamis de soie avant que de broyer les matieres à l'eau, & que pour la Peinture à l'huile on enveloppe d'huile

____

(1) Page 174.
(2) Page 178.
(3) Page 177.

les

les matieres avant que de les broyer & sans les mettre en poudre.

Le Public jugera lequel des deux apprêts est le plus dangereux, ou celui de mettre en poudre, opération qui non-seulement fait voler une poussiere qu'on respire inévitablement, & occasionne une chaleur qui excite des vapeurs que l'on respire encore, ou celui de broyer les couleurs enveloppées d'huile.

Le Manipulateur se croit échappé de tous les dangers à l'abri de la colle & de l'eau, dont il a ensuite enveloppé ses matieres, & prétend que l'huile ne peut pas procurer les mêmes effets ; qu'au contraire, elle fait fermenter les couleurs & en suscite des exhalaisons.

Notre sentiment est que l'eau, pendant les apprêts donne de l'action aux sels & aux souffres contenus dans les matieres ; qu'elle y occasionne une fermentation insensible, excite une évaporation invisible des sels & des souf-

E

tres que les Ouvriers ne respirent pas moins qu'en les mettant en poudre ; & qu'au contraire, l'huile, de son corps gras, enveloppe tellement les matieres, qu'il en fixe les souffres & en émousse les sels.

Il ne s'agit plus à présent que de l'odeur de la couleur employée à l'eau, & de celle employée à l'huile.

Nous ne conviendrons pas que la couleur employée à l'huile, exhale plus long-temps de l'odeur que la couleur employée à l'eau ; qu'au contraire, nous avons démontré que l'huile fixe les souffres, émousse les sels des couleurs, & par conséquent en arrête l'odeur ; mais nous avouerons que l'eau n'a point d'odeur ou très-peu, & que l'huile en a.

Les couleurs employées n'ont plus d'odeur, excepté l'orpin & le verdet qui conservent encore long-temps les leurs, soit qu'ils soient employés à l'huile ou à l'eau ; c'est seulement parce que l'huile continue quelque-temps son odeur que l'on employe dans l'intérieur des appartemens celles qui en ont le moins ; telles sont l'huile d'œillet & l'huile de noix ; l'huile de lin en est exclue , mais on s'en sert pour les dehors , parce qu'elle est plus solide & plus durable : si l'on n'étoit pas pressé de jouir , on se serviroit d'huile de lin par-tout, parce qu'enfin elle perd son odeur avec le temps.

Nous conviendrons de la note du Manipulateur , sur un Avis inséré dans les Affiches de Province , que l'odeur des huiles n'est pas funeste ; nous osons dire qu'elle n'est pas même fâcheuse , puisque les Ouvriers qui la fabriquent, qui en sont empreints , qui ne prennent aucune précaution pour leurs mains qui en sont toujours imbues , n'en sont jamais incommodés : mais nous ne conviendrons pas que , du mélange de l'huile avec les matieres colorées , résulte une odeur qui soit à redouter :

nous venons de prouver le contraire :
& si l'huile de lin pouvoit se dépouiller
de son odeur, elle seroit préférable
aux autres, & même à la détrempe,
qui loin d'arrêter les sels & les souffres des matieres qu'elle lie, leur donne
de l'effort.

Le Jardinier, dont le Manipulateur
nous raconte l'accident, d'après M.
Tissot, étoit dans le cas des Fondeurs ;
il brûle dans un lieu clos de vieux treil-
lages empreints de verd-de-gris & de
ceruse, c'est mettre le cuivre & le
plomb en fusion ; il n'est pas étonnant
que le sel arsenical, que le feu a chassé
de ces métaux, ait frappé ceux qui se
chauffoient à ce feu, & quils ayent
eu, comme le raconte M. Tissot, des
Coliques occasionnées par la vapeur
des métaux : un pareil procédé peut
faire plus de mal en une demi-heure,
que l'emploi ou l'usage des couleurs en
un demi-siecle.

La Colique n'est point un accident

que les Peintres ne puissent pas éviter, s'ils prenoient des précautions pour ne pas respirer, soit par le nez soit par la bouche, les couleurs qu'ils pilent, s'ils ne mettoient pas leur pain dans leurs tabliers chargés de la poudre des couleurs pilées, s'ils secouoient leurs habits, s'ils lavoient leurs bras & leurs mains avant de toucher à leurs ali-mens (1); enfin, s'ils n'introduisoient

____

(1) Pendant que l'Auteur écrivoit cette Réfu-tation, il travailloit à dépouiller l'huile de lin de ses crasses fétides de son odeur & de sa couleur; il cherchoit aussi à purger les matieres colorées de leurs sels, de leurs souffres & de l'arsenic; il a préféré l'huile de lin à toutes les autres, parce qu'elle est la plus propre & la meilleure pour la Peinture & les Vernis; la réussite a répondu à ses soins & à son travail; il a tellement purgé l'huile, que non-seulement il l'a dépouillée de ses crasses & de son odeur, mais il l'a rendue incor-ruptible & brillante. Il a purgé les couleurs de leurs crasses, de leurs sels & de leurs odeurs, à l'exception de l'orpin qui conserve encore un reste de son odeur.

pas de couleurs dans leur eſtomac, ils
n'auroient jamais la Colique : c'eſt le
meilleur avis qu'on puiſſe leur donner
contre cette maladie, avis confirmé
par l'expérience de tous les Peintres
qui ont échappé à ce mal par ces précautions.

De la nature & de la compofition des Vernis.

LEs hommes font admirateurs de leurs productions, rien n'a pu, jufqu'à préfent, les corriger de cette prévention ; leurs fentimens font les Idoles qu'ils-adorent : d'après cette réflexion l'Auteur ne s'oppofera pas diamétralement à la maniere de penfer ni d'opérer des perfonnes qui font & qui employent des Vernis, il fe contentera de la rapporter. Sans prétendre combattre ni convaincre, il hafardera légerement fon raifonnement & fa maniere d'opérer ; chacun en fera l'ufage qu'il lui plaira.

Si quelqu'un par un intérêt particulier fçait mauvais gré à l'Auteur d'avoir divulgué les Vernis, d'autres, en plus grand nombre, lui en fçauront bon gré par la raifon oppofée, & le premier y acquérera quelques connoiffanſances qui lui feront faire de meilleurs Vernis ; enfin , l'Auteur ne peut prouver que *le Manipulateur* , *Auteur de l'Art de faire & d'employer le Vernis* , abuſe le Public , donne de fauſſes recettes & ne ſçait pas faire des Vernis , qu'en donnant au Public de bonnes recettes qui le déſabuſent.

PREMIERE PARTIE.

De différentes Eſpeces de Vernis.

LES Vernis ſe diſtinguent ſous trois eſpeces , les maigres , les gras , les neutres.

Les maigres ſont compoſés d'eſprit-de-vin , de térébentine & de gomme : tels ſont , 1°. les Vernis blancs pour les découpures , les peintures à la détrempe , blanches ou approchantes du blanc , & qui s'employent auſſi ſur des ouvrages colorés peints en détrempe.

2°. Les Vernis demi-blancs , dont on fait uſage pour les boiſeries ou tout autre ouvrage en détrempe qui eſt moins ſuſceptible de taches, de nuances que le blanc.

3°. Le Vernis ou Vermillon ainſi nommé, parce qu'il s'employe avec le Vermillon même, on en fait uſage pour les caroſſes de deuil & pour tout ce qui n'a pas beſoin d'un Vernis exactement blanc.

Les Vernis gras ſont compoſés d'huile éthérée de térébentine, d'huile de lin, ou de noix, ou de pavot & de gomme; plus ſolides que les maigres, ils s'employent ſur les métaux, & généralement ſur toutes les peintures en huile : ils peuvent auſſi s'employer ſur une détrempe bien encolée; ils ſervent à vernir des tabatieres & des étuis, tous autres bijoux ou meubles expoſés à l'injure du temps, aux fréquens attouchemens & à la fatigue.

Les Vernis neutres ſont compoſés de gomme & d'eſprit-de-vin ſeulement, ou de térébentine, de gomme ou de réfine, & d'éffence térébentine.

ARTICLE PREMIER.

Des Vernis maigres.

LES Vernis maigres, diftincts en trois nuances, ne font qu'un, mais ils different par la netteté, la propreté des ingrediens qui les compofent, & auffi par la dofe des matieres.

Parce que la plus folide des matieres qui compofent les Vernis maigres, eft la térébentine, l'Auteur dit qu'elle eft la bafe de ces Vernis ; c'eft elle qui lui donne fon brillant, fon tranfparent & fon corps, ce que ne peut faire l'ef-prit-de-vin qui s'évapore, ni la gom-me qui, après l'évaporation de l'efprit-de-vin, qui la tient divifée, retourne-roit en maffe opaque, facile à pulvérifer dans les doigts. La térébentine fait, elle feule, une efpéce de vernis, & mérite bien la qualité de bafe des Vernis dans lefquels elle eft employée. Ce fentiment differe (1) de celui du Manipulateur.

Prefque tous ceux qui frabriquent ces Vernis, les font au bain - marie ; ils évitent, par ce moyen, les incendies auxquels font expofés ceux qui les font à feu nud ; ils ont encore une autre raifon, celle de conferver la blancheur de leurs ingrediens ; ni l'une ni l'autre confidération ne retient l'Auteur ; il les fait à feu nud , par l'obfervation qu'il a faite que la térébentine n'exhale fon humidité en totalité & n'acquiert un parfait tranfparent qu'à feu nud : obfervation que n'a pas fait le Manipulateur (2) ; préparation qu'il n'a point prefcrite.

Prefque tous les Verniffeurs fe fervent de vaiffeaux de cuivre pour les Vernis maigres & beaucoup plus de

____

(1) Réfutation , page 35.
(2) Réfutation , page 40.

vaisseaux de terre pour les Vernis
gras : leur raison est qu'il se fait moins
d'évaporation de l'esprit-de-vin dans
un vaisseau de cuivre qui peut se fer-
mer bien exactement, que dans un
vaisseau de terre, & que le Vernis
gras se colore moins dans un vaisseau
de terre. L'Auteur est de leur avis,
quoiqu'il se serve pour l'un & pour
l'autre d'un vaisseau de cuivre.

Comme chaque Vernisseur a sa dose
particuliere, & que cependant ils trouvent tous leurs Vernis meilleurs que
celui des autres, l'Auteur ne hazardera
pas de donner des doses fixes ; il est
d'ailleurs trop sincere pour le faire,
ayant éprouvé, depuis trente-quatre
ans qu'il fait des Vernis, que l'action
du feu plus ou moins violente, une
matiere, la térébentine, ou l'huile plus
ou moins chargée d'eau ou de flegme,
une gomme plus ou moins altérée,
changent le rapport des doses, qui
n'est jamais qu'entre la gomme & la

térébentine ou entre l'huile & la gomme ; l'efprit-de-vin , l'huile ethérée de térébentine s'y mêlent à difcrétion, pour rendre le Vernis plus ou moins brillant , & ne font pas fufceptibles de dofe. L'Auteur indiquera feulement les dofes les plus approchantes du vrai & de la poffibilité de faire un bon Vernis ; il ne parlera pas de fes dofes, parce qu'il ne s'y affujettit pas , fon expérience confommée & fon habitude font fes poids & fes mefures ; guidé par eux , il conduit fes Vernis au dégré qu'il les fouhaite , ce font eux qui le défendent & l'ont défendu jufqu'à préfent contre les accidens qui naiffent des opérations & qui l'ont garanti des incendies ; ancun Verniffeur ne peut tenir ce langage.

Vernis blanc.

Ce Vernis fe compofe de fandarac, le plus blanc qu'on puiffe trouver, trié, lavé ; de térébentine de Venife la plus

blanche, la moins opaque, d'esprit-
de-vin bien rectifié.

Opération.

Sur une partie de sandarac, mettez
quatre parties d'esprit-de-vin dans un
vaisseau de cuivre bien fermé, que vous
posez sur un fourneau d'un feu doux &
lent. Sur un autre fourneau d'un feu
plus vif, mettez un autre vaisseau
chargé de térébentine de Venise en tri-
ple quantité du sandarac ; faites évaporer l'eau ou l'humide que la térébentine contient ; pour le bien faire
évaporer, il faut que la térébentine
bouille à petits bouillons : quand vous
croyez la térébentine suffisamment
déflegmée (1), & que vous êtes certain
que le sandarac est fondu (2), vuidez

____

(1) Quand la térébentine a acquis du transparent, l'on est assuré qu'elle est bien déflegmée.

(2) L'on est certain que le sandarac est fondu
si, en remuant avec une spatule, l'on ne rencontre plus de grains entiers.

un vaisseau dans l'autre avec beaucoup
de lenteur & de précaution, parce
que la rencontre de ces matieres doit
occasionner un effervescence qui prouve qu'elles s'accrochent & s'unissent
parfaitement ; vous examinerez votre
Vernis quand il sera demi-froid ; & si
vous ne le trouvez pas assez liquide,
assez coulant, vous y ajouterez de
l'esprit-de-vin ce qu'il vous plaira.

Vernis demi-blanc.

Prenez une partie de sandarac de
qualité inférieure au premier, quatre
parties d'esprit-de-vin, quatre parties
de térébentine Suisse ou Comtoise, &
opérez comme pour le Vernis blanc.

Vernis au Vermillon.

Une partie de sandarac commun,
cinq parties d'esprit-de-vin, quatre
parties de térébentine de Bordeaux ;
même opération qu'aux précédens.

Observation.

Il est permis à tous les Vernisseurs de dire que ces doses ne sont pas les leurs ; l'Auteur a prévenu que chaque Faiseur de Vernis avoit la sienne, & sa méthode particuliere, lui-même n'en fait aucun usage ; mais il les indique parce que ce sont elles qu'il apperçoit le plus souvent être celles qui font le Vernis à son desir ; celles qui, par conséquent, sont lés plus vraies & les plus approchantes de la perfection des Vernis.

La nécessité de doser le Vernis demi-blanc & le Vernis au vermillon d'une plus grande quantité de térébentine, naît de ce que les térébentines de Suisse, de Comté, de Bordeaux, dont on compose ces Vernis, contiennent plus de flegme & plus de parties acqueuses que la térébentine de Venise dont on fait usage pour le Vernis blanc, & qu'après en être dégagées,

elles

elles se trouvent en même poids, en même volume que la térébentine de Venise dégagée de son peu d'humidité.

Si l'on fait attention que la dose du sandarac commun est susceptible de déchet en fondant, à cause de quelque terre ou autre matiere hétérogene qui se trouve dans sa qualité commune, l'on sera surpris que ce Vernis ne soit pas dosé d'une plus grande quantité de gomme; mais si l'on considere que ce Vernis doit être employé avec le vermillon qui l'épaissit, on conviendra qu'il doit être tenu plus léger & plus coulant; & que si on lui donnoit la même consistance que s'il devoit être employé seul, il en auroit trop après son mélange avec le vermillon, il s'employeroit avec trop d'épaisseur, & couvriroit moins d'étendue; que de-là il seroit plus dispendieux à celui qui en feroit usage, parce qu'il employeroit davantage de vermillon, matiere chere par elle-même.

F

L'on représentera peut-être à l'Auteur qu'on auroit pu l'éclaircir, le rendre plus coulant en y mêlant davantage d'esprit-de-vin ; mais il observera que le trop d'esprit-de-vin décompose le Vernis ; qu'il n'auroit plus assez de corps pour porter le vermillon ; qui par son poids se précipiteroit au fond du pot ; la trop grande quantité d'esprit-de-vin ôte au Vernis son brillant, son luisant qu'on ne peut lui rendre qu'en augmentant le nombre des couches, ce qui devient encore dispendieux par le temps employé à la manœuvre : il est encore à considérer que les Vernis maigres sont sujets à gerser s'ils ne sont pas nourris de térébentine. L'on n'a rien prévu quand on n'a pas prévu tout.

Avertissement.

L'effervescence, incident annoncé *suprà* page 79, assure de la bonté du Vernis ; toutes les fois qu'il ne se fera point d'effervescence, il faut regarder le Vernis comme manqué. L'Auteur sçait qu'il révolte contre lui tous ceux qui font leurs Vernis au bain-marie ; il tâchera de les appaiser & de les convaincre par des raisonnemens probables.

Si ceux qui font des Vernis veulent convenir que la bonté des Vernis dépend du parfait mélange & de l'union indivisible des matieres qui les composent, il ne sera pas difficile de les convaincre ; & s'ils n'en conviennent pas, c'est qu'ils n'ont aucune notion de la nécessité du secours du feu.

Si l'union indivisible des matieres qui composent les Vernis n'étoit pas l'intention du Vernisseur, & si d'elle ne dépendoit pas la perfection des

Vernis, mais seulement du mélange des matieres, il suffiroit de pulvériser le sandarac, de le mêler avec la térébentine & d'abreuver ce mélange d'une liqueur propre à le rendre coulant ; cette opération n'occasionneroit aucune effervescence ; mais les trois matieres, malgré le plus intime mélange qu'on pourroit leur procurer à froid, resteroient dans leur état naturel, & ne produiroient pas une liqueur qui auroit la qualité de Vernis ni ses effets ; l'on a trouvé que l'action du feu sur ces matieres broyoit mieux, divisoit mieux que tout ce qu'on pouvoit inventer ; l'on a donc mis d'une part le sandarac & l'esprit-de-vin qui aide à sa division avec le secours d'un petit feu, d'autre part, la térébentine avec un feu plus ardent, & c'est quand le feu a bien divisé ces matieres & qu'elles sont en fermentation, qu'il faut les joindre, & c'est quand elles sont dans cet état de fermentation qu'elles s'uniffent intimément & qu'elles fe confondent, & l'effervefcence que cette union procure eft la preuve de leur confufion ; effet que la chaleur du bain-marie ne peut procurer, effervefcence que le bain-marie n'a jamais excité.

D'où il réfulte que le bain - marie opere une union des matieres plus intime que leur mélange par le fimple broyement, mais moins parfaite que leur mélange par l'action du feu nud ; donc le Vernis fait au bain - marie ne vaut rien ; car en fait de Vernis, celui qui n'eft pas parfait eft mauvais.

L'on ne s'eft jamais apperçu de cette différence, parce que l'on n'y a pas fait affez d'attention ; cependant, ceux qui font leurs Vernis au vermillon & leurs Vernis demi-blanc à feu nud, parce qu'ils ne craignent pas d'en altérer la blancheur, & leur Vernis blanc au bain-marie pour en conferver la blancheur, ont rencontré l'effervefcence dans l'une & non pas dans l'autre opération.

Les Vernisseurs dosent le Vernis blanc de moitié moins de térébentine que les deux autres ; c'est - à - dire, que si sur une once de sandarac ils mettent quatre onces de térébentine pour les Vernis qu'ils font à feu nud, ils n'en mettent que deux onces pour ceux qu'ils font au bain-marie ; ils le font par esprit d'épargne & par mépris pour la qualité du Vernis, & ces sentimens les rapprochent du vrai ; car il reste autant de flegme nuisible à la bonne qualité du Vernis dans deux onces de térébentine préparée au bain-marie, que dans quatre de celle préparée à feu nud ; les doses étant dans cette proportion, le Vernis au bain-marie séchera moins promptement & sera moins solide que celui fait à feu nud, parce qu'il a conservé plus d'humidité, & qu'il est privé du corps essentiel à sa solidité.

C'est assez dit pour cette espece de Vernis; l'usage, l'habitude, l'emploi, la réflexion, convaincront mieux que mes raisonnemens.

ARTICLE II.

Des Vernis gras.

Tous les Vernisseurs sont d'accord de faire les Vernis gras à feu nud, & de fondre les gommes à sec; mais tous ne se servent pas des mêmes vaisseaux. Les uns les font dans des vaisseaux de terre, les autres dans des vaisseaux de cuivre, ce n'est pas assez de différencier par l'espece des vaisseaux; ils différencient encore dans les figures; les uns ont des vaisseaux plus larges que hauts; les autres plus hauts que larges, en forme de buches.

Les gommes les plus en usage, sont, le karabé, ambre ou succin, la gomme copale; quelques-uns font un Vernis brun avec la gomme lacque en feüilles , & le nomment Vernis à l'or ; ils se servent aussi de sanda-rac (1) , & le nomment Vernis commun ou Vernis aux trains.

Les huiles sont de lin, d'œilet , de noix ; le choix & la préparation de ces huiles sont différens chez chacun des Vernisseurs ; car les uns font usage d'huile de lin préparée (2), les autres d'huile d'œillet ou de noix , sans autre préparation que d'être bouillie. Leurs doses sont aussi variées , & sont depuis deux quarterons (3) jusqu'à huit sur une livre de gomme , & chacun d'eux fait un Vernis dont il est content & qu'il estime meilleur que celui des autres.

Le Vernis gras , plus incompatible avec l'eau que le Vernis maigre , demande que l'huile qui entre dans sa

----

(1) Réfutation , page 43.
(2) Réfutation , page 36.
(3) Réfutation , page 42.

compofition, foit purgée de toute humidité, à quoi l'on parvient par l'évaporation. L'huile purgée de fon humidité, il ne lui refte plus que fa graiffe
& fon fouffre, & c'eft d'après cette
opération qu'on peut la nommer (1)
huile graffe.

Les gommes contiennent auffi des
parties acqueufes qui s'évaporent pendant l'opération.

L'huile eft la bafe des Vernis gras ;
c'eft elle qui lui donne fon brillant &
fa folidité. L'huile graffe (2) eft une

____

(1) Réfutation, page 36.

(2) L'huile graffe eft une huile épaiffie par
l'évaporation totale de fes parties acqueufes ; on
lui mêle des fels & des terres pendant l'opération. Cette évaporation concentre dans un plus
petit volume, la craffe, le lait d'amande, les terres
& les fels qui étoient dans un plus grand volume.
Les terres que l'on y joint, la chargent encore
plus de craffes & la rendent colorée ; ces craffes
fe corrompent, fe pourriffent avec le temps : elle
devient bourbeufe, opaque & grife : elle eft dan-

efpéce de Vernis ; les gommes une fois fondues, ne recouvrent plus ni leur folidité ni leur tranfparent, fi on les laiffe refroidir fans le mélange ou d'huile ou de térébentine ; car la térébentine fe marie auffi avec les gommes; cependant l'huile leur eft plus analogue & répare mieux les fubftances qu'elles ont perdues par l'action du feu.

Opération.

Sur une partie de karabé ou de copal, ou de gomme lacque, fondue bien exactement, verfez cinq quarts d'huile

---

gereufe pour la Peinture qu'elle voile de fes craffes & de fes fels : elle oblige les Vernis les mieux faits à jaunir, & fouvent les fait gerfer. L'Auteur a trouvé le moyen de donner à l'huile les qualités requifes pour la Peinture & pour les Vernis, & l'a dépouillé de tous les défauts de l'huile graffe. Il en donnera la recette au Public quand il en aura fimplifié les préparations. En attendant, l'on en trouvera chez lui les quantités dont on aura befoin.

presque bouillante; ou la même chose, sur quatre parties de gomme versez cinq parties d'huile; ce mélange doit se faire loin du fourneau, de peur que le vaisseau ne s'enflamme; si ensuite vous remettez votre vaisseau sur le feu, portez-y toute votre attention, car ce mélange échauffé est susceptible d'une ébullition qui jette dehors du vaisseau toutes les matieres; cet incident a occasionné des malheurs fréquens; il a souvent brûlé les mains ou les jambes, & quelquefois les maisons de ceux qui ne l'ont pas craint ou qui ne l'ont pas prévu. Quand ce mélange est à demi-froid, l'on y joint de l'huile éthérée de térébentine en quantité suffisante pour le rendre coulant & facile à employer.

L'Auteur n'indique pas ici la dose d'aucun Vernisseur, pour les raisons qu'il en a données; il indique la dose la plus approchante du vrai, & la plus vraie maniere d'opérer.

ARTICLE III.

Des Vernis neutres.

Les Vernis neutres font ainfi nom-
més, parce qu'ils n'ont ni le brillant
ni la folidité des autres.

Vernis au verd ordinaire, ou Vernis d'Hollande.

Ce Vernis fe compofe de térébon-
tine cuite & d'arcançon, feulement
abreuvé d'une fuffifante quantité d'effence de térébentine ; la dofe eft une
partie d'arcançon fur quatre de térébentine.

L'opération, ainfi que des fuivans,
eft la même que pour les Vernis maigres ; feulement il eft à remarquer que
le mélange des matieres qui entrent
dans la compofition de ce Vernis,
n'occafionnent aucune effervefcence,
& cela parce que les matieres font de
même nature ; raifon qui prouve, par

furabondance, que l'effervefcence dont l'Auteur parle dans les Vernis maigres, page 83 , eft un incident néceffaire à la beauté, à la folidité de ces Vernis , parce qu'il affure de l'intime union des matieres dont ils font compofés.

Cette obfervation qu'on ne trouve dans aucun des livres qui traitent des Vernis, prouve que l'Auteur a une parfaite connoiffance & une grande habitude des Vernis qu'il traite.

Vernis à Tableaux.

Ce Vernis fe compofe de térében-tine de Venife & de maftic en larmes fuffifamment abreuvé d'effence de té-rébentine. Sa dofe eft une partie de maftic & deux parties de térébentine de Venife.

Le Vernis à Tableaux n'eft point fo-lide ; il eft fujet à gerfer & à jaunir ; mais il eft facile à enlever de deffus la peinture, par le fimple frottement d'une peau de mouton qui le pulvérife

fans trop endommager la couleur des
tableaux ; s'il étoit plus folide, il fau-
droit fe fervir d'une leffive d'eau feconde ou de favon noir qui mord auffi
fur la peinture à l'huile , & qui pourroit endommager les couleurs , non-
obftant les précautions qu'on pourroit prendre.

Si par hafard ce Vernis ne gerfe pas,
il jaunit aifément & fuffifamment pour
mafquer les couleurs ; ce qui oblige à
un fréquent renouvellement, qui ne
peut fe faire fans endommager quelques parties du tableau.

L'idée ou le befoin de vernir un tableau, eft d'empêcher que la pouffiere
ou les taches de mouches ne fe placent
immédiatement fur la couleur ; l'on
peut y obvier par une efpece de Vernis fait de blanc - d'œuf qui s'enleve
facilement avec une éponge mouillée ,
fans occafionner aucun dommage de
la Peinture , & qu'on renouvelleroit
toutes les fois qu'on voudroit, ou par

une couche de bon Vernis gras qui
se lave facilement avec une éponge
mouillée, sans souffrir aucun dommage
& par conséquent sans besoin d'être
renouvellé. Je dis un bon Vernis gras ;
car un Vernis mal fait, voile les couleurs & est sujet à gerser.

De la Gomme lacque en grains.

La gomme lacque ne s'amalgame vo-
lontiers qu'avec la gomme gutte, &
l'esprit-de-vin est son dissolvant. Elle
fait un mauvais effet mêlée avec toute
autre chose. Elle fait le Vernis des Luthiers : les Péintres en carosses en font
leurs couches d'apprêts, pour parvenir
à la dorure brunie des paneaux, & par
addition des teintures tirées séparé-
ment à l'esprit-de-vin, de saffran, de
sandragon, de raucou, de terra-merita,
ils font une espèce de Vernis couleur
dorée, qu'ils employent pour colorer
l'or.

La dose de ces mélanges est arbitraire : plus ou moins d'efprit-de-vin rend cette efpece de Vernis plus ou moins coulant ; & comme les uns font portés pour l'or citron , & que les autres eftiment mieux l'or rouge ; les uns mettent plus , les autres mettent moins de la teinture de fandragon , ou de faffran.

Tous les Vernis fe rapportent à ceux dont ce Traité donne les compofitions ; & , comme l'on voit, tous les Vernis fe réduifent à trois efpeces.

Des Mordans.

Les mordans fervent à prendre ou happer fur leurs fuperficies, le cuivre en feuilles & les bronzes ; il y en a de deux fortes , de gras & de maigres.

ARTICLE

ARTICLE PREMIER.

Des Mordans gras.

Le mordant gras blanc se fait d'huile de lin & de galipot, & sert pour argenter ou bronzer en blanc, ou gris, ou rouge.

Opération.

L'on fait cuire de l'huile de lin jusqu'à parfaite évaporation de ses parties acqueuses, & l'on y mêle assez de galipot pour que le tout acquiere une consistance de sirop épais ; quand on veut en faire usage, on le rend liquide avec l'essence de térébentine.

Le mordant gras roussâtre se compose d'huile de lin, de bithume de Judée & de galipot ; il s'employe pour le cuivre & la bronze dorée & jaune.

Opération.

Sur une livre d'huile de lin, mettez quatre onces de bithume de Judée ;

G

faites bouillir pour en évaporer toute
l'humidité ; enfuite joignez, comme
deffus, affez de galipot pour que le
tout acquière une confiftance de firop
épais , & faites-en ufage avec l'effence
de térébentine.

ARTICLE II.

Du Mordant maigre.

Le Mordant maigre fe fait de cire ;
de térébentine de Venife & d'huile de
lin.

Opération.

L'on fait bouillir huit onces de térébentine de Venife ; on y met une
livre de cire jaune pour le cuivre, ou
blanche pour l'étain ; quand ces deux
ingrédiens font intimément incorpo-
rés, l'on verfe deffus de l'huile de lin
cuite & bouillante, jufqu'à ce que le
tout foit devenu liquide.

Ce Mordant s'employe chaud.

Chaque gomme & réfine trouve ici

fa place & la place qui lui eft propre, foit dans les Vernis, foit dans les Mordans ; & fi l'Auteur ne parle ni de benjoin ni de camphre (1), ni de gomme élémy, c'eft qu'ils ne font pas propres aux Vernis ni aux Mordans.

Les recettes que donne l'Auteur font fimples & vraies ; il n'eft pas expofé à la fentence prononcée par le Manipulateur (2). Les opérations font, à la vérité, dangereufes ; mais l'habitude & la vraie connoiffance de la chofe, prévoit, prévient, évite les accidens. La préparation des Vernis eft moins dangereufe que celle de la poudre à canon, il arrive cependant rarement des accidens dans les moulins où elle fe fabrique.

Le Vernis peut fe définir une glace liquide dont on couvre tout objet que l'on veut ou conferver, ou embellir ;

____

(1) Réfutation, page 38.
(2) Réfutation, page 39.

pour qu'il ait la faculté de conserver ,
il faut qu'il soit bon & solide ; & pour
qu'il ait celle d'embellir , il faut qu'il
soit beau & transparent. Il trouve ces
qualités requises en partie dans la qualité des matieres dont il est composé ,
mais plus encore dans l'intelligence de
la fabrication : avec de très-bons ingrédiens , l'on peut faire de très-mau-
vais Vernis.

Le Vernis comme la glace veut être
poli des deux côtés ; mais comme il
n'est pas possible, on y supplée en l'appliquant sur des objets polis , & on le
polit sur plus ou moins de couches de
cinq à huit.

Le Vernis appliqué sur des objets
bien polis est plus beau & plus brillant
que s'il étoit appliqué sur des objets
défectueux & raboteux ; la glace appliquée sur un bel étain, joue mieux que
celle derriere laquelle on auroit collé
un papier. Enfin , le Vernis est une
glace.

Le mauvais Vernis, dans ses capri-
ces, séche ou trop lentement ou trop
promptement ; le bon Vernis seche
lentement, c'est-à-dire, celui fait à la
térébentine, en une demi - heure, &
devient dure en douze heures ; le Vernis à l'huile seche en huit heures & ne
devient dur qu'en vingt - quatre &
quelquefois en quarante-huit heures ;
l'air plus ou moins sec le détermine.

Les bons & les mauvais Vernis ont
à - peu - près le même coup d'œil en
les appliquant ; mais par la suite,
le mauvais Vernis ou gerse, ou se
ternit, & reste toujours tendre. Le
bon Vernis ne gerse jamais & reste
toujours luisant & dur : le mauvais
Vernis s'use par l'attouchement : (l'on
entend parler du Vernis à l'huile) le
bon Vernis résiste à la fatigue ; cependant à la longue il perd de son poli
qu'on peut lui rendre en le repolissant,
s'il a été la première fois poli sur huit
couches.

G iij

APRÈS avoir poli l'objet qu'on veut vernir avec de la pierre ponce large & unie, enfuite avec de la ponce en poudre impalpable, & encore avec du tripoli en poudre impalpable, pour effacer les rayes de la ponce, & lavé l'objet pour qu'il n'y refte rien de fale, l'on met une couche de Vernis maigre, c'eft-à-dire, faite à l'efprit-de-vin ; l'on met cette couche un peu graffe ; l'on paffe le blereau avec célérité, en évitant de paffer plufieurs fois fur la même place, parce que le Vernis qui feche promptement prendroit l'épaiffeur d'une feconde couche en paffant plufieurs fois fur la même place, & feroit des inégalités ; la feconde couche ne fe met que quand la premiere eft non - feulement féche, mais dure.

Il faut être avare pour bien employer le Vernis gras ou Vernis à l'huile ; il faut mettre la couche la plus maigre qu'il est possible, la bien tirer, la bien étendre ; l'on ne court aucun risque de repasser plusieurs fois à la même place, parce que ce Vernis ne prend pas vîte & qu'on a le temps de le manier. Les autres couches se mettent avec la même précaution & toujours quand les couches précédentes sont dures.

L'obligation de polir l'objet sur lequel on veut appliquer le Vernis, ne regarde point les tableaux qu'on détruiroit par cette méthode ; l'on ne vernit point les tableaux pour les rendre brillans, mais seulement pour rappeller la couleur des vieux, & conserver celle des nouveaux (1).

Quand on a mis un nombre suffisant

______

(1) Supra page. 94.

de couches de Vernis, on le polit avec
du tripoli en poudre impalpable noyé
dans l'eau & porté fur l'objet avec une
étoffe de laine fine & blanche.

L'O N peint des Appartemens ave des couleurs apprêtées ſoit à l'huile, ſoit à la cole. Si quelqu'un, par curioſité, ou pour quelque autre raiſon, vouloit faire peindre par ſes domeſtiques ou toute autre main qui ne ſeroit pas accoutumée à manier la broſſe, à étendre la couleur; il doit préférer les couleurs apprêtées à l'huile, qui conſervent plus long-temps leur fluidité, & qu'on peut leur rendre par l'addition de l'huile de térébentine, qui pour lors ſe manie & ſe repaſſe facilement ; au lieu que les couleurs apprêtées à la cole ſe congelent à meſure qu'elles ſe refroidiſſent, & qu'elles font des épaiſ-ſeurs & des nuances toutes les fois qu'on veut les éviter.

Ces deux apprêts ont chacun leurs inconvéniens. La couleur apprêtée à la cole ſeche plus promptement, eſt moins difpendieufe, & l'on peut jouir plutôt de fes appartemens ; mais elle n'eft point folide ; la moindre humidité y fait des nuances ; la fécherefse la fait gerfer & tomber par écailles ; il faut fouvent la renouveller ; elle devient par-là plus difpendieufe.

La couleur apprêtée à l'huile feche moins vîte, mais elle eft moins fufceptible de nuances ; elle eft très-folide ; & fi elle eft couverte de deux à trois couches de bon Vernis gras, elle peut fe laver avec l'éponge mouillée toutes les fois que la poufsiere ou les infectes l'auront tachée.

Le fond des peintures des appartemens où la couleur générale eft le blanc, le petit gris, le verd d'eau, le lilas.

Pour tel fond que ce foit, la premiere couche doit être d'une belle cérufe, & les deux autres de la couleur du fond que l'on defire ; fçavoir, pour le blanc, deux couches de blanc de

plomb purgé de ſes ſels. Pour le petit-
gris, une pointe de noir d'ivoire avec
de la belle céruſe : pour le lilas, de la
belle lacque en très - petite quantité,
de la céruſe & un rien de bleu de Pruſſe:
pour le verd d'eau, de la céruſe, du
verd de montagne ſoutenu d'un peu de
verdet purgé de ſon ſouffre arſenical.

Ces fonds ſe rechampiſſent en roſe,
en cramoiſi, en verd, en lilas, en or.

Le roſe & le cramoiſi ſe font du
mélange de la lacque & du blanc;
avec cette différence que pour le roſe
on met plus de blanc & une petite
pointe de carmin.

Le verd ſe fait avec le verdet purgé;
l'on peut y mêler ou du ſtil de grain ou
du bleu de Pruſſe, pour le mettre à
l'uniſſon du fond.

L'on rechampit auſſi de la même
couleur que le fond, en éclairant ou
bruniſſant la teinte du rechampiſſage.

L'on auroit pû ſe diſpenſer de dé-

crire ces mélanges , parce qu'il eſt à
ſuppoſer que ceux qui feront peindre
chez eux par leurs domeſtiques, ache-
teront les couleurs apprêtées , & qu'il
faut être perſuadé que les Peintres les
connoiſſent.

Quelquefois l'on peint les Appartemens à cauſe des emmeublemens ;
alors il faut que la couleur dominante
de l'Appartement ſoit la couleur dominante de l'emmeublement,& la couleur
du rechampiſſage , la couleur répan-
due dans la dominante de l'emmeublement ; c'eſt dans ce cas qu'il convient
que le Peintre qui doit travailler , ou
le Marchand qui doit fournir les couleurs , voye les meubles ou tout au
moins un morceau aſſez grand pour
pouvoir juger des couleurs & de la
teinte qu'elles doivent avoir pour être
employées dans l'Appartement.

Si l'emmeublement eſt d'une ſeule
couleur, la Peinture de l'Appartement

ne peut souffrir qu'un encadrement doré ou couleur d'or. L'orpin jaune doré fait la couleur d'or.

La Peinture sur des murs nouvellement construits ou recrépis résiste rarement à l'humidité qu'ils rendent. Le plâtre & la pierre neuve jettent une eau qui repousse la Peinture & qui endommage même la boiserie qui en approche ; il faut donc laisser aux murs le temps de sécher ; encore après ce temps le précaution est bonne de mettre sur les murs une premiere couche de chaux encolée, si l'on veut peindre à la détrempe, ou une couche d'huile bouillante si l'on veut peindre en huile ; quant à la boiserie, l'on doit, à tout événement, l'imprimer par derriere de deux couches d'huile, soit qu'on veuille peindre le devant à l'huile ou à la détrempe.

La boiserie éprouve quelquefois l'inconvénient de se disjoindre, particulierement quand on y employe des bois

qui ne font pas fecs ; on répare l'accident en rempliffant les fentes avec un
maftic à la cole fait de blanc de cérufe
& d'ochre jaune ; mais on ne peut
empêcher la boiferie de fe fendre ou
de fe disjoindre à côté ou ailleurs ;
c'eft un défaut irréparable qu'on ne
doit pas pardonner au Ménuifier.

Si l'on veut que les Vernis jouent
bien fur ces peintures, il faut, avant
que de rechampir, abattre les grains
que la couleur aura pu faire ; l'on y
parvient en paffant deffus le fond une
pierre ponce bien unie & bien platte,
environ de deux pouces de diametre.

Si l'on veut un grand poli, il faut,
avant que de peindre fur le plâtre, le
rendre uni avec la pierre de ponce,
faire la même opération fur trois couches de blanc ; & après avoir mis trois
couches de la couleur dont on veut
que l'appartement foit peint, polir
avec le tripoli ; enfin, polir le Vernis
fur cinq couches.

Si l'on veut dorer des parties, faire des encadremens en dorure, il faut, avant que de vernir, coucher de mixtion les lignes ou les parties que l'on veut dorer; & quand la mixtion paroît séche & que cependant elle cole encore un peu, l'on y applique l'or.

Les parquets & les carreaux se mettent en jaune ou rouge, à la détrempe ou à l'huile.

Si l'on veut mettre un parquet en jaune en détrempe, & ne pas cacher les veines du bois, il faut y employer de la teinture de gaude ou de graine d'Avignon ou de bois de futaye : si l'on veut le mettre en rouge, il faut employer la teinture du bois d'Inde ou du bois de Fernanbourg à deux à trois couches encolées de quatre onces de cole de Flandres par pinte, & cirer par-dessus.

Si c'est un vieux parquet dont on veut masquer les défauts, il faut simplement, dans chaque pinte d'eau,

coloris, & l'harmonie des couleurs d'un tableau.

Par de bonnes recettes de Vernis, de bons raisonnemens sur les couleurs, l'Auteur a suffisamment éclairé le Public, pour qu'il soit désabusé des fausses recettes & des faux raisonnemens du livre intitulé : l'*Art de faire & d'employer le Vernis.*

Après avoir suffisamment parlé de la Peinture & des Vernis, il reste à l'Auteur à donner les moyens de peindre les tableaux de couleurs immuables dans leurs teintes, & de conserver, autant qu'il est possible, ceux qui sont faits ; c'est ce qu'il tentera dans la Dissertation suivante.

DISSERTATION du Nettoyage des Tableaux, de la cauſe des gerſures de la Couleur, & de la pourriture de la toile.

LA réputation d'un bon Peintre ſubſiſte encore long-temps après le détriment de ſes ouvrages; mais la valeur de ſes ouvrages diminue en proportion du détriment qu'ils ont ſouffert, ſoit par le nettoyage, ſoit par les pinceaux étrangers qui les ont retouchés. Nous voyons tous les jours préférer le tableau d'un Peintre qui n'eſt pas d'un mérite égal, à celui dont les couleurs ſont détériorées par vétuſté.

Des Artiſtes ont trouvé le moyen de renouveller la toile des vieux tableaux en la recolant ſur un autre, ou en reportant la Peinture ſur une autre toile ; les Peintres leur en ſavent bon gré ; ils font ſubſiſter encore quelque-temps les débris défigurés d'un ouvrage qui a eu du mérite autrefois, & qui n'est pour lors recommandable que par la réputation de son Auteur.

Si l'on a remarqué que les couleurs des tableaux dont les toiles sont défectueuses, sont gersées, l'on aura aussi réfléchi sur la cause de la pourriture de la toile & de la gersure des couleurs, & l'on aura prononcé que c'étoit l'humidité : d'où vient cette humidité ? Elle n'est pas assez considérable dans le cabinet boisé d'un Amateur, ou dans ses appartemens tapissés, pour endommager la toile d'un tableau ; elle attaqueroit d'abord la boiserie ou la tapisserie.

L'on ne peut pas nettoyer un tableau qu'on ne le frotte en appuyant plus ou moins, cette action repousse la toile & la plie ; elle se prête ; la couleur appliquée dessus plie aussi, mais se prête-t-elle ? Il est à croire que non. La couleur est d'une ténuité séche ; & pour suivre la

mouvement élastique de la toile, elle
se brise imperceptiblement la premiere
fois, mais suffisamment pour faire des
intervales par lesquels l'eau dont on
lave les tableaux, s'introduit & va
trouver la toile qu'elle mouille : la toile
mouillée se resserre, se rebande (personne n'ignore cet effet) & devient plus
étroite, plus courte que la couleur qui
la couvre, la resserre, la contraint, &
par conséquent l'ébranle ; la toile en se
séchant, se relâche ; la couleur la suit
& reprend sa premiere situation, mais
ce n'est pas sans le dommage imper-
ceptible qu'a causé l'extension du fro-
tage & le resserrement de la toile
mouillée.

La toile mouillée garde long-temps
son humidité, à cause de l'encolage ;
l'encolage très-susceptible de putréfaction en reçoit quelques atteintes qu'elle
communique à la toile ; les petits fila-
mens de la toile se brisent dans leurs

longueurs, la toile s'affoiblit, s'allonge & s'élargit ; elle devient trop grande pour son chassis, il faut la rétendre.

L'opération de rétendre la toile ne se fait pas sans occasionner des intervalles de la couleur qui sont déjà disposés, comme il a déjà été remarqué par le premier frottement : c'est alors que les gersures deviennent visibles ; elles le font encore plus si le tableau souffre un second nettoyage, par lequel l'ébranlement de la couleur est plus considérable, les gersures deviennent plus grandes & la toile plus humectée & plus pourrie ; c'est une seconde raison pour chercher les moyens de n'être pas obligé de faire nettoyer les tableaux.

Les causes qui obligent de faire nettoyer un tableau, font, le mauvais vernis que l'on a mis dessus pour faire ressortir les ombres qui sont imbues, ou pour empêcher la poussiere de se placer immédiatement sur la couleur, Vernis qui gerse & qui devient noir ; ou pour ôter la crasse des huiles & des couleurs qui ont été employées sans être purgées des sels & des matieres hétérogenes qui s'y trouvent mêlées. L'effet du mélange des couleurs hétérogenes est nuisible aussi à la durée des teintes, plusieurs Peintres l'ont reconnu & l'ont évité ; tels sont, suivant toutes les apparences, Titien, Vandcyk, Rubens, dont le coloris se soutient mieux que celui de quantité d'autres Maîtres.

Si ceux qui ont trouvé le moyen de nettoyer les tableaux, de renouveller sa toile, opération fâcheuse à la Peinture, ont rendu quelque service à l'Art & à l'Artiste, celui qui leur procurera des couleurs dépouillées de leurs sels & de leurs crasses, des couleurs solides dans leurs teintes, des huiles dépouillées de leurs crasses, de leur teinture, de leur odeur, des Vernis qui ne font pas fujets à gerfer ni à noircir, en aura rendu un plus confidérable.

FIN.

De l'Imprimerie de QUILLAU, rue du Fouarre.